Chega de oba-oba!

JUDITH MAIR

CHEGA DE OBA-OBA!

PORQUE DESEMPENHO E DISCIPLINA RENDEM MAIS QUE INTELIGÊNCIA EMOCIONAL, ESPÍRITO DE EQUIPE E *SOFT SKILLS*

Tradução
MARLENE HOLZHAUSEN

Martins Fontes
São Paulo 2005

1ª edição
maio de 2005

Tradução
MARLENE HOLZHAUSEN

Revisão da tradução
Karina Jannini
Acompanhamento editorial
Luzia Aparecida dos Santos
Preparação do original
Silvana Cobucci Leite
Revisões gráficas
Ana Maria de O. M. Barbosa
Maria Fernanda Alvares
Dinarte Zorzanelli da Silva
Produção gráfica
Geraldo Alves
Paginação
Moacir Katsumi Matsusaki

Dados Internacionais de Catalogação na Publicação (CIP)
(Câmara Brasileira do Livro, SP, Brasil)

Mair, Judith
Chega de oba-oba! : porque desempenho e disciplina rendem mais que inteligência emocional, espírito de equipe e soft skills / Judith Mair ; tradução Marlene Holzhausen. – São Paulo : Martins Fontes, 2005.

Título original: Schluss Mit Lustig!
Bibliografia.
ISBN 85-336-2128-0

1. Administração de pessoal 2. Cultura organizacional 3. Desempenho 4. Empregados – Disciplina 5. Mudança organizacional 6. Qualidade de vida no trabalho I. Título. II. Título: Porque desempenho e disciplina rendem mais que inteligência emocional, espírito de equipe e soft skills.

05-2519 CDD-658.3

Índices para catálogo sistemático:
1. Administração de recursos humanos : Administração de empresas 658.3

Rua Conselheiro Ramalho, 330 01325-000 São Paulo SP Brasil
Tel. (11) 3241.3677 Fax (11) 3101.1042
e-mail: info@martinsfontes.com.br http://www.martinsfontes.com.br

À
Delegacia Regional de Finanças
Colônia, Cidade Velha – Sul

Sumário

Introdução

Nos últimos anos, o mundo do trabalho esfacelou-se radicalmente. De um lado, certezas consolidadas se diluíram, estruturas tradicionais enfraqueceram. Quer em relação a horário, contrato, processo ou local de trabalho, quer em relação à imagem profissional a que se aspira ou às qualificações exigidas, a mudança permanente parece ser a única certeza. Como lidar com isso é, contudo, uma questão que apresenta muitos pontos de vista distintos e controversos. Enquanto alguns apregoam a "revolução do trabalho", outros, sem se deixar impressionar, continuam trabalhando como há trinta anos: o metalúrgico que, logo cedo, vai cumprir seu turno; o *designer* gráfico que, cinco horas depois, munido do seu *laptop*, se senta em uma cafeteria; a faxineira da Alemanha Oriental que limpa sua velha casa, enquanto o *designer* toma o seu café com leite; o aposentado, presidente em exercício da associação de classe, que fica menos tempo em casa que antes; e o jovem gerente que acorda em Bangcoc e envia por *e-mail* os protocolos de negociações para a matriz da empresa, em Koblenz.

O fato de a mudança do mundo do trabalho se processar com dificuldades e de modo pouco homogêneo não pode ocultar que, para a maioria das empresas – sejam elas tradicionais, familiares ou multinacionais de tecnologias coligadas –, a direção escolhida é assunto encerrado: a cada instante é preciso reagir com rapidez e flexibilidade. E assim passam a vigorar: abolição das hierarquias, adoção do trabalho em grupo; tutela e obrigação são substituídas por autodeterminação e responsabilidade, e, em vez de dar ordens de modo obsoleto, o empresário é convidado a se juntar ao grupo. Sob os rótulos de "gestão emocional", de cultura empresarial representada com pompa e circunstância e de identificação do funcionário com a empresa, apresentam-se os novos instrumentos da "condução" indireta e flexível, que devem levar o empregado a trabalhar ainda melhor e com mais entusiasmo. Louva-se um mundo do trabalho em que o funcionário se destaca pela auto-responsabilidade e pelo prazer no que faz, de modo que possa assim permitir-se renunciar em grande escala a regras, obrigações e estruturas.

As causas da mudança do mundo do trabalho residem na freqüentemente descrita transformação da sociedade industrial para a economia científica. Nesta última, como o próprio nome já diz, trata-se muito menos de produtos, de escoamento de estoques, máquinas e quantidade de peças do que de conhecimento, informação e prestação de serviços. A regra nesse caso é esta: quanto mais pretensiosa é a atividade, mais importante se tornam o funcionário e sua conduta e conhecimento. Desse modo, suas outras aptidões, denominadas "flexíveis", são ressaltadas. Competência profissional, retidão e interesse na atividade desenvolvida já não são suficientes. O candidato ideal deve ser competente socialmente, motivado, ágil, flexível e inteligente do ponto de vista emocional. Só assim ele poderá assumir as exigências do novo mundo do trabalho e tirar proveito de sua posição significativa nesse sistema.

Isso, sem dúvida, parece tentador. Além de revelar um dos motivos para a crescente popularidade do moderno mundo do trabalho: aparentemente muito distanciado da obrigação chata e da rotina desprovida de criatividade, ele parece mais humano e liberal, como já dá a entender o discurso da "empresa humana". A isso ainda se acrescenta: aí não há perdedores, pois tanto empresas quanto funcionários lucram com isso. Até aqui nada de novo.

Mesmo quando as receitas de sucesso de direção empresarial coroada de êxito parecem definitivamente comprovadas, a prática apresenta outros aspectos. Tal como nas receitas culinárias, aqui também vale o seguinte: mesmo que se forneçam detalhadamente o modo de fazer, os ingredientes e as informações sobre as quantidades, o que depois se leva à mesa é algo totalmente diferente. O que na teoria parece ser simples e concludente muitas vezes se revela complicado na prática. A Wolfram Siebecks* do mundo econômico existe. Contudo, para a perplexa maioria das empresas, as teorias de administração há pouco expostas são um fiasco. Só que os fiascos aqui produzidos são testados em objetos vivos, a saber, em funcionários.

A organização empresarial moderna saiu bem prejudicada de seu batismo de fogo e em todas as oportunidades se mostrou inútil no cotidiano do trabalho. O freqüentemente precipitado descarte dos instrumentos clássicos de direção e a desobstrução da empresa de

* Famosa escola de culinária alemã. [N. do E.]

estruturas estabelecidas, quase sempre realizada da noite para o dia, deixaram atrás de si um vácuo, no qual tanto os funcionários quanto a chefia se encontram perdidos, desorientados e, até o momento, sobrecarregados. Deveria ser claro que essa situação não é proveitosa para o rendimento e, por conseguinte, para a produtividade da empresa. Mesmo quando presidentes de empresas, prospectos esmerados de firmas e *best-sellers* de administração anunciam sem pestanejar sempre as mesmas dicas do mundo moderno do trabalho, em não poucas pessoas surge a má impressão de que algo em princípio está errado. Isso porque, em vez de acabar com o mito do admirável mundo novo do trabalho, agarram-se com todas as forças à promessa que ele traz.

A nova economia adiantou-se exemplarmente nesse sentido e mostrou como se faz isso: seguindo a tendência mais atual, o monótono mundo do trabalho, antes intocado pelo espírito de época, foi inundado pela bem-humorada, jovial e criativa revolta do prazer, e nem sequer sabe mais o que acontece com ele. Se antes era preciso ser membro de um grupo para parecer *cool*, rico e *sexy*, hoje basta trabalhar em uma empresa da moda.

Mas é absurdo apregoar o trabalho como lar substitutivo e símbolo de *status*, que promete auto-realização e prazer. Antes de tudo, trabalho é apenas trabalho. E é exatamente isso que ele precisa voltar a ser. Não mais, mas também não menos.

E isso, antes de mais nada, significa: descer do pedestal do mito, voltar à realidade dos fatos e distanciar-se da pretensão totalmente exagerada que está ligada a ele. Mais que isso, significa: dar outra vez medida e forma ao trabalho. As empresas precisam voltar a oferecer um princípio obrigatório de trabalho com vantagens e limites claros. E isso também significa: fazer com que a vocação se torne novamente uma profissão e dedicar-se à satisfação dos funcionários, em vez de prometer prazer no trabalho. Substituir a visão enaltecida pelo plano claro e valorizar habilidades, experiências e conhecimento especializado, em vez de utilizar sempre o mesmo catálogo de *soft skills*.

Este livro oferece um diagnóstico da atual organização das empresas, aponta claramente pontos frágeis e mostra a menosprezada vantagem dos instrumentos de direção, estruturas, normas e regras oferecidos pelo modelo empresarial clássico, apressadamente condenados como anacrônicos. Aos conceitos populares de direção, que dão origem a uma organização flexível, ora em curso, pobre em termos hierárquicos ou virtual, contrapomos uma prática de trabalho que é uma reedição profundamente revisada do tradicional mundo do trabalho.

A crença nesse modelo de empresa não é muito atrativa e muito menos revolucionária, além de não irradiar o mesmo brilho sedutor das sapiências administrativas vigentes. Pior ainda, o retorno às estruturas e normas tradicionais dá a impressão de anacronismo e, num primeiro momento, talvez possa parecer paradoxal, retrógrado ou até mesmo reacionário. Contudo, em face da globalização, advertimos: não cogitamos nem planejamos um retorno irrefletido e precipitado a instrumentos de direção e estruturas há muito ultrapassados. As sugestões aqui descritas são fundamentalmente diferentes, pelo sentido e objetivo que perseguem, dos sistemas transmitidos autoritariamente, tal como os conhecemos dos trustes difundidos da *Old Economy*. Tampouco flertamos aqui com um mundo do trabalho restritivo, que nega ao funcionário qualquer forma de ação com liberdade e que o reduz a receptor de ordens menores. Muito pelo contrário: a forma de organização de empresas que aqui esboçamos pressupõe um conhecimento da moderna organização empresarial, beneficia-se de suas experiências e conhecimentos, das dificuldades de transpô-la para a prática cotidiana, sem esquecer de seu fracasso e de seus pontos frágeis expostos.

No entanto, quem busca neste livro garantias para o sucesso da empresa não as encontrará. Não existem receitas empresariais de sucesso que mostrem como se deve responder passo a passo às exigências formuladas pela comunidade científica e às transformações no mercado de trabalho. É evidente, porém, que a nova economia foi a cobaia da comunidade científica, o *start-up* com sua mistura de teimosia, cobiça e rebelião, a adolescência da empresa científica e, portanto, a esperança de crescer com o tempo. E crescer significa: aprender a se impor limites, a reconhecer obrigações e a se posicionar diante dos fatos.

O ADMIRÁVEL MUNDO NOVO DO TRABALHO

O BECO SEM SAÍDA DA AUTODETERMINAÇÃO

Alguém diz, com orgulho,
Que o trabalho o absorve.
Logo, no entanto, já meio cansado,
O trabalho o sufoca.
EUGEN ROTH

PROTAGONISTA: O FUNCIONÁRIO

As empresas concordam em dizer que a mais valiosa fonte de matéria prima do mundo econômico moderno é o funcionário. É só por meio dele que uma empresa se torna o que é.

Os "recursos humanos" são o "*first value*" de uma empresa e constituem, portanto, o fator decisivo para se impor em uma economia baseada em conhecimento e em prestação de serviços. O funcionário já não é mais apenas o meio para um fim, cujo desempenho é necessário para o processo de trabalho, mas é o ponto central. É nele que devemos confiar, é ele quem deve ser encorajado.

Assim, a crer nas palavras dos gurus da gerência (*Management-Gurus*), não se trata só de interesses econômicos, mas do bem-estar do funcionário; na qualidade de "capital humano" da empresa, ele deve ser objeto de cuidados, de estímulos, de mimos.

Em épocas de mudanças econômicas questiona-se a auto-responsabilidade do indivíduo e, além disso, segundo dizem, o que conta é tão-somente a qualidade do resultado obtido.

A época em que o funcionário necessitava de instruções claras e da autorização do chefe para realizar qualquer tipo de operação pertence definitivamente ao passado. Menosprezado e sob tutela por longo tempo, ele recebe por fim o respeito que merece, e não só nos agradecimentos obrigatórios das festas de fim de ano da empresa, mas todos os dias. Como efeito colateral desejado, o empresário recebe em troca um funcionário equilibrado que, por estar mais feliz, também trabalha melhor e com mais envolvimento.

Livre das pressões coletivas e dos grilhões das limitações incômodas e dotado de uma boa dose de responsabilidade e autonomia, o funcionário pode finalmente desenvolver todo o seu potencial criativo e mostrar o que existe nele.

À primeira vista isso parece bem idílico e, acima de tudo, muito liberal e humano. Soa a liberdade recém-conquistada, a mães que enviam trabalhos enquanto brincam alegremente com seus filhos, a chefes, verdadeiros parceiros e colegas em igualdade de condições, e não mais superiores, a projetistas descansados que, leves e soltos, chegam ao escritório ao meio-dia... Nada tem a ver com o mundo do trabalho controlado e racionalizado, do qual já estamos saturados há muito tempo.

Mais autodeterminação: como membro independente e adepto da sociedade individualizada, quem pode recusar uma oferta como essa? A recusa educada poderia ser interpretada como confissão de falta de autonomia. E hoje em dia isso não causa boa impressão. O mundo do trabalho moderno como oportunidade abençoada para a auto-realização. O que queremos mais?

O funcionário, embevecido, aceita o novo valor do seu cargo – na verdade, também não lhe resta outra opção. Desde que as relações de funcionários a longo prazo pertencem cada vez mais ao passado, já não basta oferecer laconicamente a força de trabalho e o próprio desempenho: obedecendo às melhores estratégias de *marketing*, a própria pessoa se oferece. Com investimentos compensadores na carreira e na formação, o próprio valor do mercado é levado às alturas, as qualificações transformam-se em argumento estratégico de venda. A autocomercialização profissional não é um palavrão; é simplesmente a chave para o sucesso.

O empregado tutelado de outrora aparece agora como que substituído mesmo como microempresa. O "*branding*" apropriado também já foi encontrado: nos escritórios, *foyers* e salas de conferência fervilham inúmeros prestadores de serviços e microempresas sobre duas pernas. "O conceito se presta a delimitar *grosso modo* o pensamento interno fundamental de se ver como empresário de sua existência e assumir assim a formação pessoal de sua vida", é o que propõe a *Initiative Selbst GmbH* [Iniciativa de autogerenciamento], criada por empresas como o Deutsche Bank ou a Lufthansa. Proclama-se o "homem empreendedor" como tipo ideal e protótipo de maior sucesso: "A imagem diretriz do futuro é o indivíduo como empresário de sua força de trabalho e das medidas de prevenção necessárias para sua existência", aponta a comissão que discute o futuro da Bavária e da Saxônia.

Mesmo quando continua a ser enquadrado na folha de pagamento como empregado efetivo, o funcionário se torna pequeno empresário na empresa e, "em espírito", pode sentir-se um empresário autônomo. E, como empresário, não se limita a pensar obstinadamente em seu salário no fim do mês. Tal como compete a um empresário, ele pensa agora em sucesso econômico. Disposto a dar tudo de si para a empresa, ele definitivamente desistiu da função regulamentada para ficar totalmente "a serviço da firma".

Ainda maravilhado com sua recém-conquistada liberdade, o funcionário emancipado não tem, contudo, muito tempo para comemorar. O trabalho o espera. Assim, cheio de entusiasmo, ele se lança ao trabalho, obviamente com toda a motivação do mundo, porque como e quando ele o realizará só depende dele. Armadilhas burocráticas não podem ser empecilho para o "*work-flow*" e, em conseqüência, há tanta liberdade de decisão quanto possível, tão poucas limitações quantas necessárias.

As normas, se é que há alguma, são em geral muito abstratas e revelam muito pouco sobre a estrutura e a dimensão do trabalho a ser produzido. O que conta é apenas o resultado; cabe ao funcionário descobrir como chegar a ele. Há, contudo, idéias bem precisas sobre como deve ser o resultado do trabalho e não raro dados e números simulados o mostram com precisão, nos mínimos detalhes: cada vez mais empresas exigem que seus funcionários cumpram metas orientadas exclusivamente para os resultados, que se limitam a registrar as cotas de vendas e os lucros de crescimento preestabelecidos. "Façam o que quiserem, mas façam com que seja lucrativo", é o que diz um dos lemas mais populares da moderna gestão de pessoal.

Para que a autonomia exigida possa se desenvolver inteiramente, fragmenta-se a empresa em vários grupos de trabalho pequenos e autônomos e em grupos de projeto ou seções separadas. No grupo com outros trabalhadores autônomos e empresas terceirizadas, o funcionário assume a responsabilidade e, na hora certa, procura aterrissar no objetivo, sem plano de viagem, sem mapa e sem decepcionar a confiança nele depositada.

UMA PÉSSIMA TROCA: EM VEZ DE COAÇÃO, SUTIL PRESSÃO

O empresário não delega ao funcionário apenas o próprio trabalho, como em geral se fazia antes, mas todo o desempenho a ele relacionado. A organização e o resultado do trabalho enquanto responsabilidade exemplar recaem agora inteiramente sobre seus ombros.

Estruturas e obrigações que até então sustentavam o funcionário apontando-lhe como deveria executar seu trabalho foram muitas vezes abolidas da noite para o dia. Evidentemente, agora não há mais necessidade de instruções claras e de *normas* obrigatórias que atuem como parâmetro e tornem possível avaliar o avanço do trabalho. O que antes era organizado pelo plano formal, ou seja, informando claramente quem, quando e como cumpriria seu trabalho, está hoje diluído e às vezes mal pode ser reconhecido.

O funcionário está igualmente encarregado de explorar sua força de trabalho. Na falta de instruções obrigatórias e de *normas eficazes*, o lema mais seguro é este: é melhor sobrar que faltar. Se os acordos de metas são realizáveis apenas em parte, não compete ao funcionário questioná-los: eles são ditados "de cima" e só raramente desenvolvidos junto com os funcionários.

A sobrecarga do funcionário culmina em uma ditadura do trabalho que mais do que nunca determina o ritmo do dia do indivíduo. Com horário de trabalho flexível, ausência de estruturas, acordos de metas exageradas e uma esfera de tarefas mais ampla, abre-se caminho para o trabalho sem medida, ultrapassando os limites da exaustão.

A forma de administração de funcionário aqui mostrada se mascara com a fórmula popular "confiança". Ela se insinuou no lugar onde antes havia regras e restrições e declarou-as supérfluas, de uma vez por todas. Recorre-se à confiança quando há motivo para supor que o funcionário em questão espontaneamente assume o mesmo comportamento que outrora lhe era ditado por regras e restrições. A permuta moral básica continua a mesma: "Você recebe mais responsabilidade porque confio em você, mas não me decepcione."

As aparências enganam, porém. No final das contas, essa confiança não passa de uma medida crítico-motivacional bem calculada. A coação não foi abolida. Ela só ressurge em um novo estado de natureza menos nobre: a pressão sutil.

Pois o funcionário faz o possível e o impossível para não desapontar a confiança nele depositada, mesmo quando se sente exigido em demasia. Ele não confessa nem a si mesmo nem aos outros o quanto está sobrecarregado, uma vez que essa confissão poderia ser interpretada como prova de incapacidade, de não saber lidar com a responsabilidade que recebeu.

Cedo ou tarde insinua-se aqui quem assumiu o comando e o controle sobre o funcionário no lugar do superior ou do *management*: o livre mercado. Onde outrora o empregador atuava como instância às vezes protetora e mediadora entre cliente e empregado, agora está o "funcionário autônomo" que tem de se defrontar diretamente com o mercado.

Quem busca amparo em seu superior está mal orientado. Não se pode contar com compaixão e ajuda, pois a posição delicada do funcionário não se deve ao acaso nem constitui um equívoco, mas é decorrência da moderna administração empresarial, há muito planejada.

O funcionário não mais será superprotegido e precavidamente liberado das incertezas, obscuridades e exigências cambiantes do mercado, mas ele mesmo "pode" responder com estratégias precisas e inovações engenhosas às mudanças do mercado para estimular o andamento dos negócios. Com isso, encerrou-se de uma vez por todas o período de tolerância de que até então alguns empregados desfrutavam. "O vento do mercado precisa chegar aos cantos mais distantes da empresa", já confirmava em 1993 Tom Peters em seu *best-seller* *Beyond Hierarchy* [Além das hierarquias], leitura obrigatória de todo empresário que cuida um pouco de si. O funcionário chegou ao lugar que lhe pertence: "*Face-to-Costumer*" é o nome que se dá ao serviço de orientação de clientes e maior proximidade do mercado.

E o mercado reclama inexorável e exige respostas imediatas, e o fato de o superior, supostamente com inclinação liberal, agora se manter educadamente em segundo plano não melhora a situação. Ele só entra em cena no momento de apresentar os resultados. Quem, senão o funcionário, deve responder por balanços que não convencem ou pelo resultado muito abaixo das expectativas? Conforme se pode comprovar, o resultado baseia-se em seu trabalho autônomo. Não vem ao caso se as metas a serem cumpridas num determinado período e as pretensões do empresário ou do superior eram possivelmente exageradas e, com isso, impossíveis de alcançar. Argumentos como esses são vistos como uma ingratidão para com os pares, o que não é exatamente uma transgressão perdoável, mas uma difamação.

Nos casos mais difíceis, é igualmente o funcionário quem deve arrumar as malas e deixar a empresa. Se não souber lidar com a nova responsabilidade do moderno mundo do trabalho, a culpa é dele.

LIBERDADE OBRIGATÓRIA

É preciso avaliar com cuidado os contorcionismos retóricos e os conceitos bem-sucedidos de *management* que ainda louvam o fator humano no mundo econômico. A maioria serve antes de tudo a um determinado fim: eles fornecem argumentos populares e já gastos, que absolvem o empresário por exigir demais de seus funcionários e sobrecarregá-los com fardos inúteis, como convém, e então, com a consciência tranqüila, deixá-los na mão sem amparo estrutural.

O empresário se livra elegantemente da questão e pode esconder-se atrás de conceitos morais incontestáveis, como confiança, responsabilidade e autodeterminação. Assim, não apenas tem o direito mas também o dever de eximir-se de toda a responsabilidade e – sob o rótulo de "autonomia" – pôr a culpa no funcionário. Este precisa então aprender a lidar com a combinação, em princípio problemática, de ter muita responsabilidade e muita liberdade. Cabe a ele não só captar estruturas falhas e equilibrar competências, mas ainda dar conta do seu trabalho. Afinal, ninguém é obrigado a trabalhar por ele.

Em vez de tratá-lo com respeito e zelar pelo "valioso recurso funcionários", a maioria dos empresários o considera unicamente como matéria-prima e material necessário para pôr a empresa em movimento. Não é de admirar, portanto, que, tal como ocorria antes, o valor da maioria das empresas atuais continue a ser determinado pelo capital acumulado. O funcionário, enquanto valor imaterial e "matéria-prima" decisiva da empresa, importa exclusivamente como fator de despesas, e não, como se poderia supor, como bens.

Em outras palavras: "Até hoje o salário de um engenheiro continua a ser visto como um fator de despesas, enquanto a cadeira sobre a qual ele se senta é lançada como capital investido", tal como formula a organização Gallup em sua comunicação de imprensa e igualmente adverte um estudo realizado pela Gemini Consulting com 10 mil empregados: no futuro, será preciso ver o funcionário como investimento; só assim será possível maximizar e assegurar o valor da empresa.

Bem distante desses pontos de vista, apresenta-se a propalada "nova autonomia" do funcionário como um instrumento eficaz, com a ajuda do qual "novas camadas de capacidade de produção e de motivação humanas, tais como criatividade, pensamento visionário, para se citar alguns chavões da moda, tornam-se acessíveis", apontam Hans J. Pongratz e G. Günther Voss na *Kölner Zeitschrift für Soziologie und Sozialpsychologie* [Revista de sociologia e psicologia social de Colônia].

O funcionário, no entanto, aceita agradecido o seu papel-chave no novo mundo econômico. Feliz pelo simples fato de poder participar desse mundo, ele aceita o fundo falso do parquete profissional. Nem a conversão da responsabilidade e da autonomia em uma ilusão de trabalho, o qual não se deseja mais cessar, nem mesmo a auto-exploração incontrolada parecem poder mantê-lo afastado do trabalho: "Aquilo que de bom grado é aceito pelo chefe como extrema exploração espontânea muitas vezes nasce no empregado como sentimento de libertação dos grilhões do horário e do desempenho rígidos, coletivo", escreve Martin Dieckmann em seu artigo sobre trabalho autônomo na *Express, Zeitschrift für sozialistische Betriebs- und Gewerkschaftsarbeit* [Express, Revista para o trabalho socialista no sindicato e na fábrica], de fevereiro de

2000. Os empregados "apresentam traços drásticos de um comportamento de cotidiano e de trabalho que se assemelha à mudança autodestrutiva de prazer em vício".

Um problema que não apenas diz respeito aos ramos já há muito conhecidos como de trabalho intensivo, tais como as empresas de informação e tecnologia ou as dos meios de comunicação de massa, mas tem causado igualmente dores de cabeça aos sindicatos e aos conselhos de fábricas: "Antigamente tratava-se de proteger o empregado do empregador. Hoje o conselho da fábrica teria de proteger o empregado de si mesmo. Mas ninguém pode fazer isso a não ser o próprio empregado", declara Wilfried Glißmann, presidente do conselho de empresa na IBM, acerca da difícil situação em que os sindicatos se encontram hoje.

Problemas com a autonomia

Um olhar mais atento consegue ver assim a outra face dos supostos avanços e conquistas do mundo moderno do trabalho. Em vez de aceitá-lo como mal necessário e fingir que não o vê, tanto o funcionário quanto o chefe são intimados a se oporem ao dilema evidenciado.

Em primeiro lugar, eles deveriam lembrar que o trabalho ainda hoje é um processo, e não, como se poderia pensar nos dias atuais, simplesmente um resultado. Esse processo precisa ser estruturado e organizado, e o empresário e seu *management* têm o dever de fazer exatamente isso para aliviar a carga de seus funcionários, em vez de se esquivar galantemente. Com exigências realistas, uma estrutura visível e a transferência de confiança e responsabilidade, refletida com maturidade e dosada com respeito, eles podem pôr um fim à enorme sobrestimação de si mesmos, à excessiva exigência e à auto-exploração de muitos funcionários.

Mais cedo ou mais tarde, o uso indevido do funcionário como matéria-prima da economia científica se vingará. Em vez de classificar o recurso humano como um catálogo de pedidos, raspá-lo completamente até a última gota como um potinho de iogurte e utilizá-lo como combustível de um grupo de projetos para outro grupo de projetos, é preciso criar condições básicas para que os funcionários possam realizar o seu trabalho de modo concentrado e contínuo: um gasto de trabalho passível de ser avaliado, um campo de atividades claramente delimitado, tarefas bem dosadas e responsabilidades bastante visíveis.

No centro deve estar o trabalho que compete ao funcionário. Em vez de ampliar continuamente o âmbito das tarefas e o campo de ação do indivíduo, é necessário estabelecer, criar limites e restrições. Exatamente quando os conteúdos do trabalho se tornam cada vez mais complexos e mais diferenciados, é importante estruturar de forma clara o próprio processo de trabalho. A atenção e a capacidade de resistência de cada funcionário são recursos limitados e, por conseguinte, valiosos, que devem ser protegidos, quando se trata do desempenho e da qualidade do trabalho.

O objetivo e a obrigação do empresário devem ser, portanto, defender os funcionários, tanto quanto possível, do estresse e de fadigas desnecessárias, em vez de educá-los para isso. Em várias empresas, muitos funcionários esgotados, física e mentalmente comprometidos, andam pelo local de trabalho e recebem tapinhas protetores nas costas, para convencê-los de que esse estado miserável é inerente à sua posição como o ovo à galinha. São impedidos continuamente de saber o que podem exigir de si mesmos e de estabelecer os limites da própria capacidade de carregar pesos. Uma parada, uma pausa significam tanto quanto um fracasso, algo impensável neste mundo do trabalho.

Aí o sofrimento físico precisa ser mais grave: se um "*burn-out*" ainda há pouco era considerado doença profissional de muitos empresários atribuladíssimos, a sensação de estar esgotado é hoje familiar a todo empregado comum. Em muitos círculos empresariais, sucumbir a um "*burn-out*" ainda representa uma condecoração para um *engagement* honroso, profissional.

Em vez de elevar cada vez mais a medida da capacidade de suportar carga como variante de um sistema *Hauden-Lukas** moderno e convidar os funcionários a se esgotarem medindo forças, é preciso criar um cotidiano de trabalho regulamentado com encargos limitados. E isso não por mero amor ao próximo ou benevolência, mas tão-somente porque uma carga permanente simplesmente não permite a realização contínua de trabalho consciencioso e de primeira qualidade.

Diminuir autonomia e responsabilidade significa também, ao mesmo tempo, diminuir riscos. Por isso o empresário tem o dever de se apresentar novamente como mediador entre o cliente e o funcionário. Em vez de deixar o seu pessoal sozinho com clientes e fregueses, faz parte de sua tarefa tirar o peso dos ombros de seus funcionários e dar a eles a proteção da empresa enquanto instituição. É tarefa do empresário permitir que as exigências, às quais a empresa está exposta "de

* Brinquedo de parques de diversão, em que o jogador precisa usar de toda a sua força para bater num enorme botão e alcançar a maior pontuação. [N. da T.]

fora", cheguem somente de modo dosado aos seus funcionários. O chefe é uma espécie de "intérprete", que traduz a insegurança e a complexidade do mercado para o funcionário na forma de indicações e de instruções.

Num mundo do trabalho provido de deveres e de restrições não há espaço para o "trabalho sem medida". Os funcionários de nosso escritório Mair não são treinados para isso, muito menos submetidos a testes para saber se têm condições de trabalhar até a exaustão ou se ainda resistem quando se lhes tira o chão sob os pés. Seu campo de ação é limitado e visível e protege-os dos encargos permanentes e da exaustão. Tampouco serão encontrados aqui profissionais autônomos que buscam ardentemente sobreviver e auto-realizar-se como empresa autônoma. Se alguém está tentando testar os limites da capacidade de suportar carga ou louco para mostrar o que é capaz de fazer, está no endereço errado.

Esperamos que nossos funcionários sejam antes de tudo solícitos e de confiança e que realizem o trabalho previsto com exatidão e com esmero. O funcionário sabe o que o espera e nós sabemos o que esperamos dele. Nossos funcionários vêem como fatores de alívio a garantia de um mínimo de calculabilidade, a presença de estruturas claras, bem como a instrução no processo do trabalho e a proteção e a assistência na ação no mercado livre, uma vez que com isso eles têm condições de se dedicar plena e responsavelmente ao seu trabalho propriamente dito.

Sempre a postos

O horário de trabalho dos empregados nos dias úteis não pode ultrapassar oito horas. Só poderá se estender até dez horas se, no período de seis meses do calendário ou vinte e quatro semanas, não ultrapassar a média de oito horas nos dias úteis.

ArbZG* § 3, Horário de trabalho do empregado

Adeus à camisa-de-força do tempo

Antigamente bastava cumprir o seu dia de trabalho e esperar o fim do expediente. Em geral, o tempo disponível para tanto estava estipulado em oito horas; o fim de semana era fim de semana e, executado o trabalho, no programa dos empregados e dos empresários constava um simples e comovente "fim do expediente". Essas regras eram aplicadas por quase todas as empresas e fábricas e dificilmente alguém teria a idéia de questioná-las. Muito pelo contrário. Elas constituíam uma rotina familiar e estruturavam o dia de trabalho, freqüentemente sem graça e cinzento, marcando seu começo obrigatório, o término visível e a pausa entre os dois blocos.

Esse dia estruturado tão simplesmente em termos de horário desperta hoje apenas o sorriso cansado de gerentes, chefes e diretores de projeto. "Controle é bom, confiança é ainda melhor", escreveram os empresários

* *Arbeitszeitgesetz* (lei que regulamenta o tempo de trabalho). [N. da T.]

nas bandeiras e, sob o júbilo dos funcionários, encontraram a marcha triunfal da divisão livre do tempo de trabalho. Todos se convenceram de que um espaço de tempo fixo como eixo para a forma e o conteúdo do trabalho seria "absurdo e anacrônico". Desde então, em nome do "clima de confiança", o empresário abdicou do controle do tempo e confia que seus funcionários, mesmo sem controle, trabalharão tanto quanto antes. Declara-se o tempo de trabalho fixo como "tempo de trabalho flexível" ou "tempo de trabalho de confiança": nenhum horário de trabalho obrigatório para mais ninguém, nenhum dever coercitivo de presença, muitas vezes nem mesmo um relógio de ponto. No lugar do tempo empregado entra o resultado; no lugar do controle, a confiança. Isso, no entanto, não significa que o funcionário pode dividir livremente o seu tempo de trabalho. Na maioria das vezes o que ocorre é o inverso, e o funcionário pode se mostrar flexível – se há muito por fazer, ele permanece mais tempo na empresa, se há pouco trabalho, ele pode ir embora mais cedo ou então chegar mais tarde.

"Não temos um plano de horário de trabalho, temos *deadlines*", afirmou há pouco tempo com indisfarçável orgulho um funcionário do setor "criativo" de uma revista de economia. Esse jovem ligado ao ramo da publicidade não está sozinho com sua opinião. Ele está muito bem acompanhado: seja a central de atendimento ao cliente do local, seja o conselho de empresa estabelecido ou o grande truste da indústria automobilística – a entusiasmada comunidade de fé que defende o tempo de trabalho flexível há muito deixou os círculos das empresas dos meios de comunicação, de criação e de *software*, e continua a crescer sem parar. Segundo o departamento federal de estatística, de 33 milhões de empregados no início de 2001, somente 49,9% ainda tinham horários de trabalho diário fixos.

Já não era sem tempo. Pois, mesmo nas empresas que teimavam em se manter presas aos horários clássicos de trabalho e que deveriam ser rigorosamente cumpridos, o fim do horário de trabalho fixo há muito já vem se insinuando. Assim, nas empresas em que o relógio de ponto ainda cumpria sua função, era possível observar continuamente o seguinte: os funcionários, como de costume, batiam o ponto depois de encerrar o tempo de trabalho regular, mas não iam para casa. Continuavam a trabalhar silenciosa e secretamente. Sem vencimentos, é claro. Desde que o mundo do trabalho se livrou da camisa-de-força do horário, o relógio de ponto não passa de um remanescente histórico que mantém uma simbologia do mundo do trabalho herdado.

Ao que parece, é difícil encontrar alguém que precise ser convencido do tão esperado fim dos tempos de trabalho regular. Diretores de empresas, chefes de recursos humanos, gerentes e funcionários dividem a mesma opinião e festejam o triunfo no mundo do trabalho da divisão do tempo livre e autodeterminado sobre o antiquado tempo de trabalho fixo.

A maioria não demora a perceber o quanto é difícil decidir por si mesmo em que espaço de tempo realizará o seu trabalho, sem um limite de tempo fixo que informe sobre o esforço gerado e o volume da produção. Em geral se acrescentam a isso objetivos exagerados e, conseqüentemente, o medo de ainda não ter feito o suficiente e a impressão de que se pode fazer mais. Embora a sensação de que sempre há ainda muitas outras coisas a fazer já fosse familiar ao funcionário antes da introdução do tempo de trabalho flexível, naquela época não lhe restava outra opção a não ser concluir o seu trabalho, que deveria ser realizado no tempo disponibilizado.

Hoje a situação é diferente: se as obrigações ficam delimitadas ao prazo da conclusão e ao resultado, que deve ser alcançado até essa data, a tarefa de estimar quanto tempo investir cabe apenas ao funcionário. Tudo é uma mera questão de organização e de gerenciamento do tempo imaginado, dizem os instrutores e *personal trainers*. Pois, afinal, fora do mundo do trabalho, os funcionários certamente conseguem atender às exigências cotidianas da vida de modo independente e sem estar sujeitos a horário. Por que isso também não deveria valer para o trabalho?

As empresas com "clima de confiança" – nas quais de manhã pode-se dar uma escapadela para fazer uma caminhada e à tarde sair para ir a um aniversário de crianças – tampouco estão sozinhas. Elas têm de lidar com grandezas incômodas como o mercado, os comitentes e os clientes, que exigem resultados e rendimentos e, vinculados a eles, prazos e acordos que precisam ser cumpridos. Estes não foram abolidos junto com o horário de trabalho, e suas exigências em nada se alteraram. Muito pelo contrário. Em tempos de busca de resultados e de proximidade com o mercado, mais do que nunca eles ditam o ritmo de trabalho. Sua capacidade de compreender os males da nova geração, as oportunas festas de família ou uma rápida ida ao litoral, que desviam o funcionário do trabalho, também é limitada. Tanto antes quanto agora se trata do rendimento combinado no prazo estabelecido, e em relação a isso o "novo mundo do trabalho" também não mudou.

Por isso a pergunta que mais importa é menos: "quando começo a trabalhar?", e muito mais: "quando é que eu vou conseguir dar um fim nisto?". É a velha história da lição de casa que era concluída no ônibus a caminho da escola, isto é, o princípio "*last minute*". Só que naquela época o motorista do ônibus não acrescentava nenhuma volta especial para que se conseguisse dar conta de todas as tarefas de casa, dos dados para a prova escrita e das fórmulas matemáticas. Algo totalmente diferente ocorre desde a introdução dos horários de trabalho flexível, que se assemelham a uma interminável viagem de ônibus e se arrastam por longas noites repletas de trabalho no escritório.

Vinte e quatro horas

Assim, para a maioria, os horários de trabalho flexíveis de repente passaram a significar o seguinte: mais tempo para o trabalho e menos tempo para outras atividades, pois, do mesmo modo que se aboliram o relógio de ponto e a apreensão objetiva do tempo, também desapareceu a hora extra. Algo que não é computado não existe. Cada um deve se orientar pelos horários de trabalho estipulados no contrato, e quem não conseguir terminar a sua tarefa no horário terá de ficar de castigo. É evidente que a extinção dos horários de trabalho nucleares gerou uma elevação significativa do tempo de trabalho, embora em algumas empresas este tenha deixado de ser oficialmente computado.

Isso apresenta outras conseqüências, absolutamente paradoxais: talvez pareça bem estranho, mas, observando-se com atenção, a extinção dos horários obrigatórios de trabalho como medida para o desempenho apresentado leva a uma valorização do horário de trabalho realizado.

Esse fenômeno surgiu pela primeira vez na área de lazer da economia, ou seja, no *start-up* na fase do *boom* da nova economia. Durante muito tempo, considerou-se um sinal de prestígio trabalhar tanto quanto possível e não o mínimo necessário. Quando o escritório passou a ser o lar podia-se, sem remorsos, intercalar uma ou outra rodada de futebol, pois de qualquer modo só se voltava para casa tarde. Uma noite insone diante da calculadora era sinal de *status*. Olheiras e estômago roncando eram vistos como sintomas de sucesso, assim como a geladeira vazia em casa. Em resumo: não ter tempo para mais nada além da empresa era sinônimo de *sexy*. Essa imagem-guia formada naquela época é atualmente seguida não só pelos funcionários dos chamados ramos clássicos, já cientes de que não há mais fim de expediente, como as empresas de produção, os escritórios de multimídia ou as agências de publicidade, como também cada vez mais por empregados de empresas tradicionais.

Trabalhar além da medida foi estabelecido como símbolo de dedicação à profissão, pois indica o quanto se é importante e insubstituível. É certo que o último a deixar a empresa terá o reconhecimento dos colegas, dos contemporâneos e, evidentemente, do chefe.

Há muito tempo é chique vangloriar-se de "turnos à noite" diante do computador ou comentar de passagem que pela enésima vez se ficou todo o fim de semana preso no escritório. A revista de *webdesign Designer in Action* também louva esse ideal. Nela, os trabalhadores autônomos e os funcionários de terceirizadas têm a oportunidade de enviar uma fotografia para apresentar ao público o seu local de trabalho e dar meia dúzia de informações sobre o que fazem. No entanto, nas cinqüenta fotografias de locais de trabalho ali apresentadas, as explicações têm algo em comum: todas enfatizam que as fotos não foram tiradas nos dias úteis entre as 8 da manhã e as 6 da tarde, período em que, por sinal, se está tão atolado de trabalho que não se tem condições de pensar em nada. O caos encenado nas fotos e até a eventual garrafa de cerveja na mesa de um ou outro funcionário ajudam a transmitir a impressão do trabalho pesado ininterrupto próprio da era moderna. Se nessas séries de bisbilhotices sobre os lugares de trabalho encontrássemos um de nossos funcionários, certamente esse teria sido um bom motivo para uma conversa séria.

Aparentemente a grande maioria dos empresários e dos industriais vê isso de outro modo. Quem pensa que aqui encontrará queixas ou que se exigirão publicamente horários de trabalho regulares está totalmente equivocado. Nem sequer se cogita que o fato de se precisar trabalhar noite adentro e no fim de semana (a melhor de todas as combinações possíveis), em vez de permitir a certamente merecida cerveja de fim de expediente, pode ser decorrente de uma péssima organização do trabalho.

Tanto antes quanto agora muitos empresários parecem profundamente satisfeitos com o fim do tempo de trabalho regular. Não que aos seus espíritos liberais importasse que o funcionário – enfim liberto da camisa-de-força do tempo de trabalho – pudesse decidir por si mesmo sobre a divisão do seu tempo. Os chefes de empresas de hoje estão se servindo de uma falácia totalmente diversa: o tempo de trabalho fixo teria servido durante muito tempo como esconderijo para todos os preguiçosos e indolentes, que sedimentaram o seu trabalho fiéis ao lema "apenas o necessário, o mínimo possível". O protótipo dessa imagem de inimigo é o funcionário indolente que, sem nenhum envolvimento, motivação ou preocupação com os resultados, passa o dia fazendo o estritamente necessário e o que determina o contrato, com negligências, pausas, conversa fiada diante da máquina automática de café ou jogando paciência no computador. Nenhum outro tipo de funcionário demonstrou tão bem que o tempo de trabalho gasto, por si só, não fornece nenhuma informação sobre o desempenho apresentado como prova nesse tempo. Por outro lado, se se trabalha espontaneamente e por mais tempo e com mais freqüência do que o estipulado, as expectativas irrealistas – considerar tempo como indício de rendimento – parecem surgir novamente: "Os chefes costumam medir a capacidade de rendimento, a disponibilidade e a motivação de um empregado preferencialmente pelo tempo que ele permanece na empresa", acentua uma pesquisa do Psychologischen Forums Offenbach [Fórum de Psicologia de Offenbach]. A tão decantada orientação para resultados encontra-se em uma página totalmente diferente.

A história de uma grande agência de publicidade de Colônia também inclui a valorização do tempo de trabalho como prova do rendimento e da dedicação. Bem-humorados e cheios de orgulho, os dirigentes anunciaram que o funcionário que passasse o maior número de horas, noites, madrugadas e fins de semana na agência, no fim de semana poderia utilizar, como recompensa, o conversível da firma, adquirido especialmente para isso.

Não se levam em conta as conseqüências da exigência excessiva permanente, que acompanha um trabalho que perdeu toda medida de tempo. Embora ter compaixão por seus empregados não seja uma das tarefas do empresário, ao menos do ponto de vista econômico ele deveria cuidar para que eles preservem toda a sua energia, de modo que possam executar com eficiência as suas tarefas. Com isso, do ponto de vista puramente teórico, para o empresário é indiferente se alguém precisa de oito ou de dez horas para concluir o seu trabalho; contudo, as dez horas não deixam de ter conseqüências: a longo prazo, a solicitação constante, a privação de sono e a insuficiente compensação do trabalho no plano privado não são especialmente positivas para se poder trabalhar com eficiência. Muito pelo contrário.

Em um estudo sobre a situação psicológica dos trabalhadores, a Organização Mundial de Saúde e o Departamento Internacional de Trabalho constataram que, somente na Europa, mais de 37 milhões de homens e mulheres sofrem de depressão ligada ao emprego, e que isso custa anualmente 80 bilhões de dólares às empresas. As causas apontadas pela pesquisa são a busca permanente de lucro e a carga decorrente disso. Em resumo, os problemas psíquicos e de saúde ocasionados pela carga de trabalho alta e constante do funcionário saem caro para a empresa e, do ponto de vista econômico, não são mais suportáveis.

Esse resultado corrobora também a história do diretor de uma empresa de *software* da Francônia, cujas "horas de trabalho de confiança" realizadas em sua empresa levaram-no diante do tribunal. Em um controle de rotina, as fichas de horas de seus empregados caíram nas mãos do departamento de fiscalização da pequena indústria, que praticamente não encontrou um dia sequer com menos de dez horas de trabalho. O caso culminante foi o de um diretor de projetos que trabalhava regularmente dez horas e até quinze horas por dia e, antes de entrar com uma queixa contra seu chefe, morreu de infarto.

O RELÓGIO DE PONTO SÃO OS OUTROS

Quem se limita a cumprir um tempo de trabalho razoável não tarda a ser visto como excêntrico, fracassado e desmancha-prazeres. Se a maioria do grupo fica na empresa regularmente até as 9 da noite, sair mais cedo exige coragem, firmeza e, no mínimo, um bom motivo. Neste caso, de nada adianta reduzir a hora de almoço, encurtar o bate-papo no cafezinho e dar conta de todas as suas tarefas. Aquele que, às 6 da tarde, depois de oito horas de trabalho consciencioso, arruma a mesa para ir para casa e não põe os pés na empresa nos fins de semana torna-se suspeito.

O que vale aqui é que o empresário e o superior indicam o ritmo e os outros acompanham. Que tipo de padrões são esses é o que um estudo sobre os horários de trabalho das forças de liderança, encomendado pela Lexmark no final de 2001, aponta: em regra, empresários e gerentes alemães trabalham quase onze horas por dia e praticamente todo fim de semana. Nas "horas livres" constam no programa viagens de negócio e manutenção da clientela.

O relógio de ponto são os outros. Todo aquele que alguma vez já se sentiu observado por seus colegas ao arrumar suas coisas para ir embora, enquanto os outros ainda estavam curvados sobre seus afazeres, pode escrever um tratado sobre isso. Ninguém deve deixar reiteradamente o local de trabalho antes dos outros. Além de não ser aconselhável, é considerado abuso de confiança e cedo ou tarde a pessoa se dá conta disso ao perceber que todos deixam a sala de café assim que ela entra. Só se está autorizado a esperar pelo fim do expediente quando se instala um clima geral de saída e os primeiros pegam suas maletas.

"O sistema não repousa na coação, mas na pressão. Se alguém decide trabalhar menos, depara com dificuldades quase intransponíveis, sujeitas à dinâmica própria de processos sociais na empresa. Tem de contar com o fato de que seus colegas tentarão prejudicá-lo. E receberá a seguinte sinalização: nós, enquanto grupo, não podemos permitir que você se atenha ao tempo de trabalho estipulado", é como Klaus Peters, consultor de empresa e de conselho de empresa, descreve o dilema.

Trabalho com começo e fim

Ainda que isolada e hesitantemente, multiplicam-se as vozes de empregados e empresários que reconhecem as ciladas que, na prática, se escondem sob o tempo de trabalho flexível. O aumento expressivo de queixas psicossomáticas como resultado dos encargos profissionais, além do movimento *Work-Life-Balance* importado da América, que postula uma relação equilibrada entre profissão e tempo livre, aponta para essa direção.

O mundo do trabalho liberto da camisa-de-força da concepção de horário de trabalho começa a falhar. Questionado pela revista *PAGE* sobre os métodos para o aumento da criatividade, o escritório Philipp e Keuntje, de Hamburgo, respondeu: "Nós cuidamos para que as pessoas, até certo ponto, possam de alguma maneira encerrar pontualmente o expediente. Já que para poder ser criativo é preciso antes ter dormido bem." Percebem-se vozes sensatas até mesmo de um *start-up* sobrevivente da nova economia. Os funcionários de um portal da internet foram informados de que dez horas de trabalho diário seriam suficientes.

É preciso acabar com o trabalho sem começo nem fim. O clamor por um mundo do trabalho que protege da exigência excessiva aumenta à medida que se limita conscientemente a duração e, por conseguinte, a abrangência da tarefa, oferecendo ao funcionário um trabalho limitado a um horário e justo em termos de volume. Tornar o homem "um escravo do trabalho", segundo Klaus Pickshaus da IG Metall [Sindicato Industrial de Metal], "é algo que só será evitado quando se definir novamente a relação salário-rendimento-tempo, para além dos acordos individuais de metas".

No escritório Mair u. a. o dia de trabalho começa às 9 h, às 13 h consta no programa pelo menos meia hora de pausa para o almoço e o expediente é encerrado o mais tardar às 18 h, quando o último funcionário também deixa a empresa. Nos fins de semana, por princípio, não se trabalha. Como não possuem chaves das salas do escritório, os funcionários também não têm nenhuma possibilidade de aparecer por lá fora do expediente normal.

O tempo de trabalho é obrigatório e demarca a tarefa a ser cumprida em determinado tempo. As situações de atividade integral são exceções. Fazemos o possível para ir ao encontro dos desejos de todos os funcionários e para encontrar soluções sob medida para eles. Estas são estáveis e votadas sucessivamente no interior da empresa. Uma vez fixados os horários, eles devem ser cumpridos à risca. Não há lugar na empresa para aqueles que querem aparecer quando bem entendem. Registra-se quando alguém chega atrasado, sai antes do término do expediente ou não faz a pausa do almoço. Se o fato se repetir, a pessoa recebe uma advertência por escrito.

RESOLVER, REDUZIR, ABOLIR

Nós nos exercitávamos com toda a nossa força, mas todas as vezes que começávamos a ficar ligados uns aos outros, éramos reorganizados. Mais tarde, aprendi que na vida muitas vezes procuramos encontrar novas situações por meio da reorganização. É um método fantástico! Ele cria a ilusão de progresso, mas ao mesmo tempo gera confusão, diminui a efetividade e atua de modo desmoralizador.

CAIO PETRÔNIO, POLÍTICO ROMANO, 66 D.C.

O FETICHE DA MUDANÇA

A empresa como grandeza estável e uniforme, com suas estruturas obrigatórias e sua organização social típica, como modelo ultrapassado, tem dado o que falar atualmente. Desde que uma capacidade de reação e de mudança rápidas foi declarada como o mandamento máximo para a organização de uma empresa, a rede dinâmica e descentralizada vence a empresa local com seus processos usuais e sua rotina. Só o mercado dita o ritmo, as experiências não valem nada e objetivos como "a longo prazo" e "estabilidade" são garantias da morte certa de uma empresa. "Sem mudança não há crescimento", profetiza o guru do *marketing* Tom Peter, e considera a capacidade de mudança como o primeiro mandamento de toda e qualquer organização. "A única estabilidade é a mudança", acredita igualmente Stephan Zinser, adepto das estratégias de mercado do New Work Development, no Frauenhofer Institut für Arbeitswirtschaft und Organisation

(IAO)*. Uma busca de livros sob a palavra-chave "*change management*", no amazon.com, traz 136 títulos de livros, e Peter Scott Morgan e outros prometem "Estabilidade pela mudança" (*Stabilität durch Wandel*) na obra de mesmo nome: "Organizações que aprendem muito e sistematicamente e direcionam o seu conhecimento de maneira efetiva são melhores do que aquelas que pouco ou nada aprendem. É assim que soa a crença, aceita universalmente, que fundamenta a idéia da organização aprendiz. Quanto mais profunda é a mudança, tanto melhor funciona a adaptação às condições modificadas do meio ambiente", aponta Stefan Kühl na *Denke* [Pense], veiculada no momento pela literatura de *management* nos círculos empresariais.

A lógica por trás disso é sempre a mesma: a economia científica, a globalização e a tecnologia de informação aceleram o mercado e aumentam a pressão de concorrência. Quem deseja sobreviver precisa ser ágil e habilidoso, adaptar-se rapidamente às novas exigências do mercado, reconhecer e ocupar nichos sem cessar. Ligações simbióticas se engrenam em redes dinâmicas, alianças estratégicas e parcerias oportunistas. "Inovação pela cooperação", eis a fórmula popular correspondente.

Tudo parece possível no novo mundo da economia; basta apenas agarrar as oportunidades. Todas de uma vez e em tempo real, se possível, tal como nos quer fazer crer o escritório *just in time*. O desenvolvimento lento e contínuo não é mais sustentável em uma empresa que se propõe inovar e progredir. Fala-se abertamente da revolução dos mercados, não só a da economia, mas também a da empresa.

---

* Instituto de Frauenhof para a Gestão do Trabalho e a Organização. [N. da T.]

A empresa em transição passa a ser um estado permanente. O "sim" precipitado a toda e qualquer espécie de mudança há muito passou a ser o sinônimo moderno de progresso. Assim, grande parte das empresas atuais gasta uma quantidade enorme de tempo tentando se reinventar mais uma vez. A pausa é vista como o inimigo em pessoa: o que importa é que tudo seja totalmente diferente, que deixe de ser o que era. Pedra que não rola cria limo. O comportamento da empresa corresponde ao de um camaleão: em sua aparência e em sua conduta, adapta-se ao "meio ambiente", a ele se incorpora. E, só para não ficar aí como perdedor, acompanha cegamente o ritmo do ambiente.

Uma empresa, tal como convém e se deseja no momento, será sempre desatrelada, vinculada, recortada e selecionada à vontade, visando ao novo, ou completamente dissolvida como ponto de reunião, como demonstra o escritório virtual. As regras são descartadas ou totalmente abandonadas em favor de novos conhecimentos. Os mais novos princípios especulativos de *management*, recém-saídos da gráfica, estão à espera de compradores. Fervilham as fases de teste, os modelos de trabalho em prova, os papéis de rascunho e os experimentos. Reestrutura-se, descentraliza-se e fragmenta-se onde e tanto quanto for possível: empresas se dividem em centros de lucros autodirigidos, *Service-Center*, e se fragmentam em subunidades e *Business-Units* de responsabilidade própria, que operam no mercado de modo autônomo, "por conta própria".

Lealdade? Afinidade? Pois sim! O que conta é o preço. Desde que o antigo departamento do vizinho ao lado do corredor foi escolhido como centro autônomo de lucros, o preço tem de ser convincente para que, no futuro, também se trabalhe junto com ele. Caso contrário, muda-se para a concorrência.

A camaleonização da empresa e, por conseguinte, o direcionamento estrito de sua organização para o máximo de capacidade de reação e de mudança não são inócuos. Ao longo dessa competição em torno de uma organização o mais dinâmica, virtual e flexível possível, a maioria das empresas cedo ou tarde perde aquilo que usualmente se descreve como a substância e o centro. Enquanto massa maleável e sem contorno é passível de ser modelada. Processos se dispersam em vez de ser reunidos e ligados. Resta apenas um tênue invólucro, um "lado a lado frouxo" sem moldura de referência. Praticamente não há mais uma imagem de empresa obrigatória e de validade universal: corre o risco de se tornar permutável e perder o seu perfil próprio. O desarraigamento e a mania de uniformização ganham cada vez mais espaço.

Quem defende obsessivamente a mutabilidade da empresa põe em risco o caráter e a autonomia desta. O que permanece é um amontoado oportunista, mutável, sem feição, sem coerência, cuja tarefa consiste em reagir.

A DESVALORIZAÇÃO DO SABER E DA EXPERIÊNCIA

A ilusão de mudança atinge no alvo o recurso mais importante da empresa: o funcionário. Mal ele se familiariza com as formas de procedimento e os prazos, precisa contar com o fato de que eles voltam a perder o significado. Pode até acontecer que, de manhã, não encontre mais o seu local de trabalho familiar, que aterrisse toda semana em uma nova equipe, que o cálculo de que tanto gosta se torne vítima do *brainstorming* espontâneo e que o fim de semana com a família, há muito planejado, seja substituído pelo treinamento de motivação no auditório municipal. Não há praticamente nenhuma certeza, nem mesmo a de saber se amanhã seus serviços ainda serão necessários.

Desse modo, o funcionário é e continua a ser o recurso vital de toda empresa. Nele se concentra a substância da empresa na forma de saber, de experiência, além de qualificação e talento. Para desenvolvê-los e aplicá-los em seu trabalho, o empregado precisa de continuidade e de regularidade, de modo que possa se acostumar às estruturas e aos prazos, em vez de ter de se arranjar continuamente com estruturas novas. A empresa em transição, no entanto, exige uma contínua adaptação apaixonada e incondicional do funcionário aos fatos sempre novos. Campos de atividade habituais, formas de procedimento familiares e responsabilidades são novamente misturados e regateados. O funcionário pula de um grupo para outro, é arrancado do departamento que lhe é familiar, desligado de projetos em andamento e arrastado para as *Business Units* recém-fundadas, nas quais ele tem de dar conta de abrir "novos nichos de mercado" e impulsionar "inovações".

Com isso, mais uma vez, o saber já adquirido e as experiências reunidas ficam a meio caminho. São desvalorizados e inutilizados antes que possam ser postos em prática. São descartados, pois já não há lugar para eles nos novos modelos de organização e competências. Não existe nem mesmo a perspectiva de uma reciclagem objetiva desses restos de saber e de experiência. Assim, a cada mudança, perdem-se reservas essenciais de experiências e de saber que, ao longo do tempo, se acumulam em uma montanha digna de atenção, deixada de lado em favor da revolução estrutural. Não se faz omelete sem quebrar os ovos, diz o ditado.

PARTICIPAR É O FUNDAMENTAL

Quando não se precisa mais estar presente para participar, a própria mesa de trabalho, a xícara de café predileta, a conversa de corredor e a pasta de arquivos também são sucata. Estruturas sociais e espaciais obrigatórias são sistematicamente dissolvidas. Praticamente já não importa onde e quando se trabalha. Participar é o fundamental, estar presente a partir de agora é secundário. O principal: o funcionário está acessível.

O trabalho em grupo, a disponibilidade permanente e uma técnica de comunicação impecável: esses são os chavões da nova cultura do trabalho. "A distância é um modelo ultrapassado. A aldeia global está aí. Nenhum parceiro comercial está efetivamente distanciado do outro mais do que seis décimos de um segundo (medido na velocidade da luz)", profetiza Tom Peters, o messias do novo mundo do trabalho. Desde que o incômodo obstáculo da distância espacial e temporal parece ter sido vencido, a ida à empresa pode ser suprimida cada vez mais: "O funcionário pode trabalhar a partir de qualquer lugar. O que importa é que ele pode se comunicar em curtíssimo espaço de tempo com sua empresa. (...) Ou *business* com internet ou então não há *business* – e isso vale sobretudo para a classe média da Alemanha", manda divulgar Günter Junk, vice-presidente e diretor da Cisco Systems alemã.

O moderno trabalhador do conhecimento* precisa dizer adeus a seu local de trabalho familiar com sua infra-estrutura pessoal e seu sistema individual de organização, a seus livros prediletos com as páginas marca-

* Em inglês, *knowledge worker*, expressão cunhada por Peter Drucker, considerado o "pai do *management* moderno". [N. da T.]

das, bem como a sua coleção de folhas soltas, estudos e artigos recortados de jornais. Algumas gavetas com chave em um pequeno armário – móvel, é claro – bastam para o mais necessário. Não pode haver muito mais que isso, uma vez que no escritório do futuro se faz o possível para trabalhar sem papel.

*Plug and work** é o que atualmente consta do programa: liga-se o computador, iniciam-se os programas, conectam-se pessoas e informações – e por aí vai! O servidor central envia as informações necessárias, documentos digitais anulam metros e metros de arquivos e pomposos documentos de trabalho.

Sem incômodas infra-estruturas, sem grandes aquisições. Para se tornar um "funcionário móvel" não é preciso muito, a julgar pela propaganda de um telefone celular: "O escritório móvel: no novo ME45 está o seu escritório completo. O organizador reúne uma agenda completa com até 14 registros por contato, funções de anotações, calendário programável e uma lista de tarefas. Ligado a um PDA (*Personal Digital Assistant*) ou a um *laptop*, permite enviar e receber *e-mails*. A agenda e o calendário podem ser sincronizados com *Outlook*."

Há um entusiasmo pelos *flexible offices* como pequenas células capazes de mudanças, nos quais cada um pode começar o trabalho onde houver lugar no momento e recorrer à infra-estrutura de que necessitar na ocasião. Teletrabalho e telecomputação transformam as próprias quatro paredes em um escritório. Se se desejar, até com o apoio virtual dos colegas, presentes no trabalho *home based* ou *center based*. Comunidades de cooperação interativas são recombinadas no ritmo da semana e diariamente trabalham juntas sem jamais

* Conectar e operar. [N. da T.]

chegarem a se ver. Trabalhadores do conhecimento se apresentam espontaneamente no *Mobile Future Office* para um projeto, amalgamando realidade e mundos de dados. Não é preciso mais se ver, menos ainda se conhecer, para trabalhar junto de modo intensivo.

Igualmente conceitos de *Roomware* e *Space Reduction Programs* encontram ressonância em um número cada vez maior de empresas: a IBM, por exemplo, segue o princípio da "*shared desk*", a mesa de trabalho compartilhada. Cerca de um quinto de todos os empregados passa metade do seu tempo de trabalho fora das dependências da empresa, munidos de *laptop* e ligados a ela *on-line*. A gigantesca Ford dota seus empregados de computadores gratuitos com acesso à intranet, própria da firma; a Siemens emprega 1.500 teletrabalhadores e 9 mil funcionários móveis, e na empresa de consultoria Arthur Andersen, em Paris, 1.200 funcionários dividem entre si os 700 lugares de trabalho "dotados de espaço".

Em casa se está no grande e vasto mundo: quem está interessado em saber que a Microsoft na Alemanha fica em Unterschleißheim? Nem é tão trágico que a sede da empresa Bertelsmann fique na supostamente pouco global Gütersloh, uma vez que ali trabalham apenas 400 de um total de 75 mil funcionários de todo o mundo.

Tal como em outros tempos a montanha ia até o profeta, agora não é o funcionário que vai ao trabalho. É o trabalho que vai ao funcionário. Munido de *laptop*, telefone celular e linha conectada diretamente ao servidor próprio da firma, o funcionário moderno corre de um lado para outro entre clientes, no escritório, em trens expressos, em plataformas de embarque e desembarque e na própria casa. O escritório móvel está em todos os lugares. O trabalho não precisa mais de um espaço, tornou-se desprovido de lugar, dissolve-se e perde sua filiação local e o sedentarismo. Sem contornos e limites, ele se expande cada vez mais e penetra em cada brecha que encontra.

O prejudicado pela "dissolução" progressiva da empresa é novamente o funcionário. Em vez de poder sentar-se no seu local de trabalho familiar, luta com os seus colegas por um lugar no escritório móvel; sob o mote mobilidade é despachado para outra cidade e, por fim, armado de um *laptop* e um celular, é enviado para casa para trabalhar.

Com sua mobilização restrita, o desempenho do "funcionário empresarial" reside sobretudo em estar disponível o tempo todo a "serviço da empresa". É óbvio que a dissolução espacial também permite aumentar o número de horas trabalhadas. Assim, a Intel, que equipou praticamente 80% dos seus funcionários com computadores móveis, se refere com orgulho ao "impulso de produtividade" alcançado com isso. Uma pesquisa interna demonstrara que os funcionários móveis trabalham em média onze horas semanais a mais que seus colegas sediados na empresa.

"Oferecendo a nossos funcionários a oportunidade de poderem determinar por si mesmos quando, onde e como desejam trabalhar e buscar informações, proporcionamos a nossa empresa um impulso adicional em dinamismo, flexibilidade e capacidade de competição", explica Louis Burns, vice-presidente e diretor-geral da Intel Platform Components Group. Thomas Finkemeier, em uma reportagem da VDI-Nachrichten, mostra-se um pouco menos eufórico ao descrever o cotidiano de trabalho: "Não há um único fim de semana em que o celular não toque ao menos uma vez para se discutir qualquer assunto ligado a negócios... 'Para você, querido...

é da empresa', o funcionário é chamado ao telefone mesmo no fim do expediente. Checar os *e-mails* do trabalho quando se está navegando na internet em casa? Por que não? Atender à chamada comercial, no meio da partida de tênis? É claro! Consultar a caixa de *e-mail* no escritório, no sábado à noite, para ver se não há algo importante? ... Sem dúvida!"

A limitação física do corpo humano, que impede que se esteja em mais de um lugar ao mesmo tempo, é revogada: estar constantemente conectado com tudo e com todos e predisposto a qualquer coisa faz da acessibilidade e da disponibilidade um dever. Em pouco tempo já não será possível recorrer à desculpa de que não se estava lá.

À FRENTE – E NÃO APENAS JUNTO

Sob o pretexto da conexão em rede, tudo se resume nisto: total disponibilidade, rápido domínio e utilização eficiente de todos os recursos. E isso não se aplica apenas ao processo de trabalho, mas também ao empregado: como fornecedor de matéria-prima da economia científica, ele se torna cada vez mais desmaterializado. Como pessoa ancorada no tempo e no espaço com suas particularidades físicas e sociais típicas, ele já não tem mais a possibilidade de negociar, uma vez que faltam nesse sistema as estruturas obrigatórias e sociais necessárias para tanto: o contato pessoal, que o mundo do trabalho anterior, orientado para o tempo, o local e a continuidade, trouxe consigo como "efeito colateral" evidente, não é mais forçosamente necessário. O breve bate-papo na pausa do almoço e o colega como fiel companheiro de luta e presença habitual em sua frente foram vítimas do projeto de trabalho móvel, de curto prazo e, muitas vezes, puramente virtual. O contato com o chefe é feito por computador, e o colega não é mais um companheiro de trabalho de carne e osso, e sim um parceiro temporário de rede, do qual com freqüência não se sabe a idade e menos ainda a cara que tem. O que conta é a "matéria-prima" fornecida por ele: o seu *know-how* e saber.

Essas redes virtuais tornam quase impossível estabelecer relações sociais com os colegas. Uma empresa, cuja sede não se presta mais a ser um ponto ao qual o empregado pode se dirigir caso precise de ajuda, de um conselho e de abrigo, torna-se uma grandeza abstrata, de difícil compreensão.

Exatamente em épocas de mudança e de dissolução, uma empresa precisa mudar o rumo e destacar-se pela continuidade e confiabilidade, para permanecer tangível e passível de avaliação para seus funcionários. Contudo, a função da sede da firma é particularmente menosprezada. O local institui identidade e filiação. É ele que fornece uma impressão direta da empresa, da sua grandeza, do clima reinante ou dos empregados. Todo empresário que começa a subdividir e a virtualizar tanto quanto possível o local do trabalho e os processos de trabalho a ele vinculados põe em risco a lealdade e a obrigatoriedade de seus funcionários.

Só o espaço concreto oferece igualmente espaço para as relações sociais, possibilita lealdade em relação à empresa, solidariedade em relação aos colegas e torna uma empresa insubstituível. E esse espaço deve ser mais do que nunca protegido, organizado e estruturado. Uma forma de trabalho racionalizada do princípio ao fim e desprovida de espaço não beneficia o pensamento criativo e inovador e o saber do funcionário.

Algumas empresas sentiram a oscilação desencadeada por estruturas sociais esgotadas e pela ausência de um local fixo e tentam mudar de direção. No entanto, alguns desses esforços se mostram não só duvidosos mas também destituídos de base. Assim, tenta-se substituir o local do trabalho como centro de encontro e de trabalho por uma grande quantidade de pequenas unidades funcionais específicas. O funcionário deve utilizar o espaço de acordo com o que o seu trabalho exige: o local de descontração, a sala de espera da empresa, para relaxar; a saleta de reflexão sobriamente decorada, para estimular a criatividade; a área de exposições, para receber os clientes; e a sala de reunião para se encontrar com os colegas e trabalhar em grupo – supondo-se que eles estejam presentes.

Além disso, o lado emocional do funcionário é acionado com todo tipo de estímulo subconsciente: perfume de limão, gramados parecidos com os de parques ou o ruído de água estimulam – já que a cabeça está suficientemente abastecida – a sensação de bem-estar na esperança de poder extrair dela um número expressivo de idéias criativas.

Com isso segue-se o caminho errado: a necessidade de um mundo do trabalho confiável e experiente torna-se tanto mais forte quanto mais complexo, anônimo, temporário e abstrato o próprio processo de trabalho. Só o conhecido "cheiro de estábulo" – e não um perfume de limão destilado especialmente para a metade esquerda do cérebro – atrás dos muros das empresas pode impedir essa dissolução e fragmentação e equilibrá-las. Do mesmo modo, o contato e a troca formal e informal entre as pessoas no escritório é igualmente insubstituível. "O bate-papo, o flerte, a briga, a intriga e o gracejo descontraído fazem parte da saúde psíquica de uma vida de trabalho bem-sucedida. Isso não se deixa substituir simplesmente", assegura Heinz Grüne, o pesquisador dos meios de comunicação de massa.

Ademais, é somente do encontro entre pessoas que se originam sinergias surpreendentes, bem como contatos informais e cooperações. Saber e informações precisam ser trocados, sob pena de se perder sem ser descobertos e utilizados. O ditado "Da copiadora raramente alguém retornou mais burro do que quando foi" pode soar profano, mas não deixa de conter uma boa dose de verdade.

Zelar pela posição e adotar critérios

É válido distanciar-se da afirmação eufórica da organização empresarial elástica – que não raro desemboca na arbitrariedade e na falta de cerimônia – e declarar-se partidário de um cotidiano de trabalho caracterizado pela estabilidade e pela presença. Mesmo quando não é mais imprescindível encontrar-se para um trabalho conjunto, é ainda mais importante estabelecer regularmente datas e buscar motivos que possibilitem o contato direto e a troca.

Justamente em uma época marcada por tendências de dissolução e complexidade, a empresa precisa ganhar contornos pela univocidade e estar presente com decisões claras, normas e estruturas, se não quiser terminar como uma bandeirola dentre tantas outras soltas ao vento.

Ainda que hoje em diversos lugares não se pareça com isso: tanto quanto antes, tempo e espaço apresentam os parâmetros decisivos para a organização e o desenvolvimento de uma empresa. O desenvolvimento requer tempo e continuidade, um planejamento prudente, persistência e sistemática. Não é um escândalo apoiar-se em previsão e no planejável, preservar e melhorar as estruturas de que a empresa dispõe e aplicar modificações a longo prazo e prospectivas. Uma empresa evolui, e isso precisa de tempo e de continuidade.

Convém manter distância das empresas desprovidas de local, tal como aparecem nas assim denominadas redes de computadores, *mobile offices*, *workstations* ou no escritório virtual. É justamente quem exige de seus funcionários cada vez mais mobilidade e flexibilidade que precisa, como compensação, projetar uma empresa local e organizada de modo centralista com todas as estruturas sociais obrigatórias que a integram e se esforça para formular essas estruturas de modo calculável, a fim de oferecer ao funcionário conteúdos e relações seguras. Quanto menos o contato informal se dá "por si só", mais importante é provocá-lo propositalmente, criando possibilidades e espaço para encontros.

Perambular pelas salas da empresa e trocar algumas palavras com os funcionários presentes, tal como ensina o *Management by Walking Around*, não é suficiente. Precisamente os funcionários que, em razão de sua atividade, trabalham muito fora da empresa e com os seus clientes exigem muito mais do que uma mesa de trabalho abandonada e um pouco de bate-papo. A sofisticada sala *vip* com acesso à internet ou um confortável sofá tampouco proporcionarão o sentimento de filiação. Para fazer com que a empresa seja vista como base local é preciso cuidar de hábitos comuns e desenvolver rituais que proporcionem um sentimento de unidade.

O escritório Mair u. a., por exemplo, aposta muito mais na presença e na participação do que na tão louvada acessibilidade. Nossos funcionários trabalham de modo análogo, de preferência juntos nas salas do escritório local, bem à moda antiga. Todo funcionário tem direito a um espaço de trabalho fixo, ao seu material e à certeza de que o seu lápis no dia seguinte também estará ali sobre sua mesa, e não como "*shared pen*" a ser dividido por todos. A Mair u. a. acha que o chefe da Siemens, Heinrich von Pierer, tem toda a razão quando afirma: "Acredito no escritório sem papel tanto quanto no banheiro sem papel."

Se o funcionário não se encontra no escritório, então ele precisa estar acessível ou disponível. Ele não é chamado pelo celular e da sua casa não pode acessar o servidor da empresa para dar continuidade ao trabalho. Se, ainda assim, alguém tenta fazê-lo, sofre as conseqüências. O único trabalho que lhe é permitido fazer fora da empresa é a leitura, pois seria um absurdo grosseiro proibir-lhe isso.

O novo compromisso

HARMONIA DA HIERARQUIA

Equipe é sinônimo de: "Ótimo, alguém fará isso por mim!"
FRASE USUAL DE ESCRITÓRIOS EM EMPRESAS ORIENTADAS PARA TRABALHOS EM GRUPO

UM POR TODOS, TODOS POR UM

Hierarquias são o vilão da moderna organização empresarial. Durante muito tempo, com seus caminhos burocráticos e complicados e sua lentidão, elas retardaram processos, dificultaram cooperações, roubaram as motivações dos funcionários e coibiram inovações. Isso acabou, o mais tardar, desde a metade dos anos 1990. As hierarquias precisam ser "derrubadas, separadas e fragmentadas", aconselhou o chefe de *management* Tom Peters, em 1993, e muitas empresas obedientemente deram-lhe ouvidos e puseram mãos à obra.

Hoje em dia segue-se orgulhosamente o "*management* consensual", a "empresa orientada para projetos" ou a "organização de confiança". As "hierarquias superficiais ou rasas" estão na ordem do dia, fala-se muito da "anarquia organizada" como nova ordem da empresa. Renuncia-se conscientemente às estruturas formais de organização, exige-se uma organização dinâmica que permita à empresa agir rápido e a torne flexível o suficiente para se adaptar continuamente às novas exigências do mercado.

Por trás do achatamento das hierarquias encontra-se a concepção supostamente liberal de uma parceria comum e com igualdade de direitos. Diferentemente das hierarquias, nas quais em geral as informações e as orientações eram passadas de cima para baixo de modo seletivo e estruturado na forma de uma pirâmide, as hierarquias rasas apostam na comunicação horizontal; as informações passam a circular em rede, cobrindo setores, através dos campos. A responsabilidade é prontamente encaminhada dos andares superiores para os inferiores, o espaço de ação do indivíduo é continuamente ampliado. O chefe que antes rejeitava secamente as sugestões criativas com um "Você não é pago para pensar" e sempre dava a última palavra pertence também ao passado, tal como os conformistas imaturos e os que se limitavam a obedecer ordens. Em vez de apostar na ordem e na obediência, no comando e no controle, aposta-se na auto-responsabilidade, no entendimento e no grande discurso, ou, nas palavras de Tom Peters: "Pedir licença significa mendigar um não."

A abolição da hierarquia faz com que descrições estereotipadas de locais de trabalho e campos de atividade se tornem supérfluas. O funcionário autodeterminado torna-se um igual entre iguais: todos são igualmente importantes, estão no mesmo barco, dividem o mesmo ponto de vista e puxam a mesma corda. Competências claras e uma definição inequívoca de tarefas – o que, como e por quem deve ser feito – são uma exceção. "Todos fazem tudo", esse é o lema.

Para o funcionário isso significa que não está claro exatamente o que agora se espera dele. Para ter uma idéia aproximada do que suas tarefas abarcam, funcionários recém-contratados muitas vezes precisam se contentar com a designação profissional escrita no cartão de visitas que lhes foi entregue e, em vez de uma iniciação clara, fala-se de "um banho de água fria". Uma metáfora que, tal como confirmam diferentes lados, já é aplicada quase rotineiramente em empresas pobres em termos de hierarquia.

Ser empurrado ingenuamente na água fria seria perdoável se na margem da piscina houvesse um chefe como salva-vidas. Este, no entanto, não está à vista e a piscina já está repleta de outros funcionários que tentam respirar. O que exatamente compete ao funcionário fazer, quais tarefas devem ficar a cargo de outros e quem é o infeliz que deve repor o papel higiênico que acabou, tudo isso naufraga no caos da piscina de água fria. Os que justificam essa parceria desprovida de plano estão firmemente convencidos de que as falhas estruturais assim formadas serão preenchidas pelo envolvimento do indivíduo. Do contrário, o que vale é o princípio simples: tudo diz respeito a todos. A síntese de transparência e de hierarquias rasas, superficiais.

Isso funciona enquanto todos podem se reunir numa mesma sala, de modo que cada um, querendo ou não, fique sabendo do que se trata. Todos se conhecem, defendem uma meta e cabem sem esforço em volta de uma mesa de cozinha. Forma-se um grupo, cujos membros poderiam igualmente viajar juntos nas férias sem problemas.

Mas a situação muda quando o número de funcionários aumenta a ponto de exigir no mínimo o fretamento de um ônibus e quando já não é mais possível conciliar tão facilmente as opiniões sobre a meta e as atividades de férias. A questão começa a ficar um tanto complicada o mais tardar quando, em meio à confusão, alguém é esquecido na parada de descanso e nem sequer se sabe ao certo o nome do coitado. Se uma associação, uma instituição ou uma empresa atingiu esse tamanho, já não se pode mais falar de grupo, mas sim de uma organização. E, como o próprio nome já indica, ela costuma caracterizar-se pela necessidade de ser organizada para poder funcionar.

O mundo empresarial moderno, entretanto, se recusa a consolidar a indicação de funcionamento de uma organização com um aumento de estrutura e uma descrição clara de competências, preferindo empurrar os problemas para o plano interpessoal: a empresa se fragmenta em muitos pequenos grupos, de projeto e de trabalho. Ocorre uma aproximação um pouco maior entre as pessoas e, de repente, aparentemente tudo se torna muito claro por si só.

BEM-VINDO AO TIME: CRÍTICAS, MEDIOCRIDADE E TUTELA

A equipe conquistou as empresas. No lugar das hierarquias bem definidas, surgem então, para grupos de trabalho e equipes de projeto, grupos fortemente ligados que poucas vezes ultrapassam o tamanho de classes escolares ou associações de boliche. O trabalho de projeto e de equipe como a troca aberta ou em rede de idéias e de conhecimento e sua transformação coletiva é o fator de sucesso de uma empresa ou, para ficar com as palavras de Tom Peters: "No futuro, grande parte do trabalho será resolvida em grupos de projeto."

O grupo descobre erros de lógica consolidados em favor da elevação da qualidade e, por meio da estimulada transferência de conhecimento, alcança pontos de vista surpreendentes. Estruturas rígidas, orientações estritas e planos prospectivos são vistos como enfadonhos e pouco utilizáveis e, assim, com a consciência tranqüila, espera-se que a dinâmica própria do grupo leve adiante o projeto pelo caminho mais rápido, e, se possível, sem dificuldades. Busca-se no grupo o grande consenso, a solução comum, a discussão criativa. Mas a política de informação transparente nas empresas e a constante discussão de acordos deixam os nervos à flor da pele, desperdiçam um tempo precioso e prolongam indefinidamente as tomadas de decisão. Isso poderia ser desculpado se ao menos o resultado valesse o esforço e os gastos, mas a realidade mostra outro quadro.

Desde que as soluções são decididas em comum e não mais por ordens provenientes "de cima", todo dia se discute novamente com entusiasmo, se regateia, se vota. O que outrora era decidido pelas instâncias diretivas hoje faz parte do cotidiano de um funcionário comum. Não é raro haver algo para discutir antes mesmo de começar a trabalhar. A agenda do dia está lotada de assembléias de grupo, discussões intermediárias, reuniões, apresentações e *meetings*. Não devemos esquecer ainda as conversas informais na hora do café ou a popularidade das mensagens que circulam nos *e-groups*, das quais o funcionário tem de fazer um grande esforço para filtrar, entre ofertas de carrinhos de bebê de segunda mão e as próximas datas das aulas de ergonomia dentro da empresa, as informações que poderiam lhe interessar.

Para captar a criatividade do funcionário, um número expressivo de empresas ampliou o repertório de técnicas e de métodos criativos. Todos foram convidados a dar palpite e a co-gerir o funcionamento da empresa com suas idéias, propostas e críticas. Em *brainstormings* e *mindmappings* desenvolvem-se conceitos malucos e visões voltadas para o futuro, que abrem novos potenciais da empresa e tiram problemas do caminho. Só para esclarecer: em técnicas como essas, a razão inexiste, a realidade precisa ficar de fora, não há propostas nem boas nem más, e tudo o que passa pela cabeça de cada participante é cuidadosamente anotado. A cabeça dos funcionários solta fumaça; eles se reúnem e discutem as idéias com entusiasmo e acrescenta-se ainda a isso o nobre sentimento de enfim poder mudar e mover alguma coisa ativamente.

O grupo se alimenta e se nutre pura e simplesmente do desempenho comum. O funcionário enquanto pessoa só existe ainda à margem; suas capacidades individuais e rendimentos só são avaliados quando colocados à disposição do grupo. O "eu" passa para segundo plano; o que conta agora é o "nós" comum. Quando tudo diz respeito a todos, não se pode mais ter certeza da meta e do conteúdo do próprio trabalho, pois estes podem se alterar a cada dia: nessa altura, na discussão do grupo decide-se espontaneamente mudar as metas do projeto e a direção habitual, o cuidadoso *teamplayer* faz durante a noite algumas alterações no "próprio" conceito e ainda é preciso levar em conta a proposta dos estagiários.

O grupo torna-se uma esponja que absorve os desempenhos avulsos do indivíduo e os torna irreconhecíveis. O obstinado "pense", antes exigido com tanta veemência por trabalhadores autônomos, os desempenhos individuais, criativos, e a iniciativa própria morrem na geléia geral coletiva: cada um é sempre tão bom, tão rápido, tão aplicado e tão talentoso quanto os outros. Esse comportamento fundamenta-se na crença de que cada membro põe à disposição do projeto o mesmo desempenho e o mesmo esforço. Na prática, no entanto, são sempre os mesmos que carregam o piano e que fazem cortesia com o chapéu do outro e que acabam recebendo o elogio. Tal como Richard Sennett diz em uma entrevista para a revista *Brückenbauer*, "o grupo acentua muito mais as interações de seus membros do que a validade de uma opinião pessoal. De alguma maneira, o processo de comunicação se torna mais importante que o próprio conteúdo. E, visto que está cada vez mais difícil dizer coisas mais complicadas e mais profundas, o intercâmbio permanece sempre superficial. Nessas circunstâncias, o funcionário tem o reflexo de se proteger com uma espécie de indiferença, de apresentar no dia um pretenso envolvimento e se mostrar cooperativamente superficial". E assim, no final, resta apenas um consenso incerto como o menor denominador comum, sobre o qual foi possível chegar a um acordo. Mesmo que alguns empresários esperem outra coisa, o grupo não funciona como garantia e catalisador de decisões examinadas a fundo, de inovações indicadoras de caminhos e de idéias bem elaboradas.

Do espírito de parceria, que é subordinado ao grupo, também não vale a pena falar. A falta de regulamentos e de regras só aparentemente fortalece o estar junto com direitos iguais, mas, ao mesmo tempo, se revela um solo fértil, por assim dizer, ideal para hierarquias sombrias, disputas e jogos sutis de poder. Quem prefere trabalhar sozinho e, com todo o direito, expõe seu próprio desempenho ou se opõe à opinião da turma não tarda a ser visto como "encrenqueiro" e como um combatente solitário e não-estimado. O "um por todos, todos por um" logo se transforma no "todos contra um, um contra todos". O grupo não suporta uma discrepância. Basta um seminário no fim de semana para discutir o trabalho em grupo e o membro está substituído. Como é que se dizia mesmo? Só juntos seremos fortes. Realmente.

Um funcionário não avança aqui com seu bom trabalho, seu talento e desempenho, pois tudo isso será lançado na conta conjunta do grupo. Para tanto, ele precisa de contatos pessoais, intrigas, diz-que-diz-que. Se a influência pessoal é permanentemente renegociada, isso pode ter conseqüências mais amplas, como sentir-se péssimo certo dia por tratar os colegas com aspereza ou ficar emburrado no bate-papo do grupo. No momento decisivo, o mais tardar, muitos se espantam quando o colega de grupo, em geral tão cooperativo, abre caminho às cotoveladas e prefere desaparecer com o chefe em vez de, como de costume, ficar com os colegas do grupo na pausa do almoço.

Por fim apresenta-se a questão decisiva de saber quais das idéias geradas eufórica e ativamente nos *meetings* serão alguma vez postas em prática (desconsiderando o vôo às alturas da nova economia). Pois direito de opinar está longe de significar poder de decisão, e aquele a quem compete decidir, e de cuja bênção ainda se necessita, em geral não está sentado na roda social, mas no andar de cima, não obstante todas as declarações em favor das hierarquias rasas e da parceria igualitária. Uma proposta precisa percorrer um caminho íngreme até chegar a quem tem realmente algo a comunicar.

Na enfadonha realidade, grande parte dos esboços, dos modelos, das concepções e das propostas de teoria e ficção sombrias, tramados em encenações e *brainstormings* de grupos e equipes, acaba como um rabisco no *flipchart* ou na gaveta como papel para rascunho. Só uma parte acaba se concretizando, e assim a maioria dessas idéias construtivas, inovadoras e criativas e dessas tentativas de solução seguem a lógica de um faz-de-conta. Uma experiência dolorosa para o funcionário que acreditava poder não só propor algo de modo independente, mas também decidir e realizar sua proposta.

Hierarquias rasas de um lado, trabalho de grupo de outro. As pessoas que em uma empresa realmente podem fazer prevalecer e consentir decisões, tanto antes quanto agora, raramente se satisfazem. "As mudanças nas empresas, apesar de toda dramaticidade com que no momento nelas se apresentam, seguem uma direção fundamental, aceita por quase todos os atores. A discussão sobre novas formas de empresa não pode se desviar do fato de que não há indícios de derrubada da ordem hierárquica nas empresas", atesta igualmente Stefan Kühl em seu livro *Wenn die Affen den Zoo regieren* [Quando os macacos governam o zoológico]. Isso se evidencia, o mais tardar, quando tarefas desagradáveis como reestruturação, minimização dos custos ou, em último caso, demissão são convenientes. Mesmo que uma parte da responsabilidade seja repassada prontamente de cima para baixo, o poder está muito bem amarrado e vigiado nos andares superiores. E assim muitos se surpreendem com a rapidez com que o colega até há pouco cordial se transforma num chefe autoritário.

Relações organizadas e vias rápidas

Assim, as hierarquias rasas são, antes de tudo, o seguinte: um chavão de moda, que reivindica um lugar fixo na lista *in* da gerência progressista e liberal da empresa. Hierarquias rasas desculpam praticamente tudo: a falta de visão de conjunto e estrutura, bem como a carência de instruções. Desse modo, sua produção não raro se limita a justificar a falta de um plano, que vem à tona, e que nos dias atuais reina em muitas empresas.

O problema não é novo. Os gerentes de outrora e os funcionários das firmas e empresas fundadas nos anos 1970, na onda do movimento alternativo, podem escrever um tratado sobre isso, tal como Rainer Kreuz mostrou na revista *brand eins*, publicada em outubro de 2000. Tudo isso já existiu: hierarquias rasas, emancipação do funcionário, co-gestão e auto-organização. Mesmo que naquela época os objetivos tenham sido mais nobres e, "a partir de baixo", tramou-se uma contraproposta ao capitalismo como sistema de poder, os esforços são muito semelhantes. As empresas e o *management* precisam hoje suportar até mesmo a acusação de terem copiado os velhos manuais e as histórias do movimento alternativo. Talvez o tenham feito, mas não leram a história até o fim. O que teria sido muito bom. Se o fizessem, poderiam ter aprendido algo sobre as malícias do mundo do trabalho com os direitos iguais, uma vez que a maioria das empresas, fundadas ainda em meio à reivindicação ideal, à medida que cresceram e tiveram de enfrentar o cotidiano recorreram às formas clássicas de organização. Seguiu-se a isso a frustração de compreender que as relações de direitos iguais como base e fundamento de interesses empresariais extremamente vacilantes não são harmônicas por si sós e que, afinal, pode mesmo ser um alívio alguém ter tudo sob controle, onde e tanto tempo quanto possível.

Os objetivos e os interesses perseguidos pelos empresários e empregados não são obrigatoriamente os mesmos e, desse modo, não é nem trágico nem mesmo indecoroso expressar essa "desigualdade" em uma relação hierarquicamente estruturada, em vez de se esforçar para encobri-la. Ainda pior: o chefe, que se coloca como "*primus inter pares*", o primeiro entre iguais, diante de sua verdadeira tarefa, se mostra favorável a, simples e comoventemente, cuidar da clareza e da obrigatoriedade. E é direito do empregado cobrar esse desempenho do seu chefe.

Em vez de precipitadamente abolir hierarquias como ultrapassadas, autoritárias e regressivas, deveríamos refletir sobre seu mecanismo de coordenação e de direção, relativamente seguro e eficaz: com suas formalizações simples e obrigatórias e seleções conseqüentes, elas criam vias de decisão confiáveis. Competências claras e canais de comunicação estruturados dão conta de um cotidiano de trabalho regulado, que não interfere em demasia na vida privada e, portanto, dá pouco espaço para desgastes, para perder tempo com escaramuças de competência e hierarquias sombrias. Ou como Stefan Kühl escreve em seu livro: "A hierarquia reduz a insegurança em organizações, para deixar as coisas claras e evitar a contradição. Um diagrama construído sobre hierarquias registra claramente quem está subordinado a quem, e coordena assim o comportamento. Se em uma organização há contradições, ambigüidades ou falta de clareza, cabe a quem ocupa o lugar de chefe pôr as coisas de novo em ordem."

O temor de que a adesão a sistemas hierárquicos afugentaria o funcionário que anseia por autodeterminação e auto-realização é igualmente um exagero, pois esse funcionário não deseja exigências obscuras, conversas intermináveis e competências a serem rediscutidas a cada dia. Ele quer apenas saber precisamente o que se espera dele. Além disso, quer um chefe que se preocupe com ele, que o acompanhe e que seja acessível, tal como a organização Gall-up constatou em um estudo com mais de um milhão de empregados e mais de mil empresas. Cada vez mais funcionários, exigidos e inseguros em demasia, reagem à divisão de tarefas pouco claras e à pouca transparência dos processos de trabalho e da comunicação. Alia-se a isso, cedo ou tarde, a decepção de compreender que a empresa continua a seguir seu curso como antes, sem se incomodar com todas as idéias desenvolvidas em discussões intermináveis e propostas de melhoria euforicamente apresentadas.

Assim, as hierarquias rasas e a pretensa co-gestão e participação dos funcionários, afinal de contas, só servem como a desculpa aceitável de chefes e de empresas, que não têm clareza sobre seus deveres. O que se perde desse modo é o rendimento do trabalho. Essa avaliação confirma igualmente uma pesquisa da consultoria de produtividade Czipin & Proudfoot Consulting, que chegou ao seguinte resultado: nas empresas alemãs, ao longo do ano, 85 dias úteis são esbanjados de modo improdutivo. Como causa mais freqüente citamse o péssimo planejamento e a direção, responsáveis por 38 dias desperdiçados. Em segundo lugar estão a supervisão deficitária e a gerência, com quase 15 dias.

Certamente, as hierarquias têm condições limitadas de apreender e de retratar a complexidade e a multiplicidade que hoje se descortinam diante da empresa. É difícil avaliar e abranger com os olhos um mercado que se torna cada vez mais diferenciado, em uma velocidade acelerada. A pergunta central, entretanto, é saber se aumentando-se as possibilidades de decisão, de deliberação, o direito de opinar, a responsabilidade, a comunicação e a informação realmente se apreende melhor essa complexidade.

A resposta é não. São precisamente as condições cada vez mais complexas, contraditórias, alternáveis e difusas às quais a empresa está exposta que precisam ser respondidas com uma divisão hierárquica. Tal como Stefan Kühl mostrou, é justamente a "empoeirada" hierarquia que produz algo que a grande maioria das empresas tanto busca: rapidez. As hierarquias são rápidas na medida em que reduzem os processos decisórios e transformam possibilidades em fatos, que são aceitos por todos os participantes e não podem ser descartados. Com sua experiência, as hierarquias da estrutura do grupo e as hierarquias rasas são sempre um salto à frente. Talvez pareça paradoxal, mas, embora se procure abolir as hierarquias por considerá-las emperradas e lentas, sua grande vantagem reside exatamente na sua velocidade. Assim, enquanto o grupo primeiro discute calorosamente para depois, ao término de um longo vaivém, chegar a um acordo sobre determinada decisão e só então enviar seu coordenador em busca do consentimento dos superiores, em uma hierarquia a decisão – passando acima da cabeça dos empregados – já é desde logo algo deliberado pelo chefe.

Ao se delegar claramente as tarefas a setores de trabalho independentes e passíveis de uma visão abrangente, procura-se fazer com que o conteúdo e o volume de cada processo de trabalho isolado permaneçam sob controle. Como não se busca o consenso geral, também não há decepções ou golpes baixos morais se ele não acontece. Só se discute o que diz respeito a todos e é útil para cada um. Para tanto, é preciso fazer uma seleção rigorosa e distinguir o importante e urgente do que não tem importância, sempre segundo o princípio: qualidade em vez de quantidade. As discussões sem fim sobre a aquisição de novas cadeiras de escritório ("O que é melhor, cadeiras ergonômicas ou as chiques?") e os intermináveis relatórios de experiências e autoconhecimento dos funcionários ("Quinta-feira tive a sensação de que precisamos inventar alguma coisa de arrebentar, algo realmente original e que cause impacto") não constam no programa. O chefe tem a última palavra e a qualquer momento está autorizado a pôr um ponto final nas conversas que não levam a nada.

Exatamente a diferenciação e descentralização crescentes, a que as empresas estão hoje sujeitas – por exemplo, o trabalho conjunto específico em torno de um projeto nas redes de computadores e em grupos reunidos *ad hoc* –, exigem limitações conscientes e demarcações claras: cada um recebe uma posição e uma tarefa bem definidas, que lhe darão subsídios sobre o que fazer, sobre quem dá as instruções, quais são suas competências e onde ele deve estar atento e se manter afastado. Com isso não se trata de antecipar toda a operação e diluir o processo do trabalho em inúmeros fragmentos ou limitar o campo de ação do indivíduo de maneira que ele mal chegue a ter uma idéia do todo. Em vez de castrar os conteúdos do trabalho por meio da estrutura hierárquica, é sua tarefa criar espaço para o essencial: o trabalho em si.

A meta precisa ser dar ao funcionário suficiente espaço de ação e liberdade de decisão que lhe permitam desenvolver soluções de modo independente, mas, ao mesmo tempo, apontar-lhe claramente os limites de sua independência. Os pontos de contato e de intersecção entre as competências individuais precisam ser claramente definidos e articulados na zona neutra e as posições devem ser claras. Só é possível trabalhar em conjunto quando cada um sabe o seu papel, o que deve fazer, onde deve se submeter e como integrar seu desempenho no processo geral de trabalho. Desse modo minimiza-se o risco de duas pessoas fazerem a mesma coisa, de só se encontrarem sintonias tarde demais ou de um funcionário puxar para si as tarefas mais importantes, relegando a seus "colegas de grupo" as menos interessantes.

O GRUPO COMO BODE EXPIATÓRIO

Quem sofre com toda a confusão e a celeuma que acompanham o fim precipitadamente proclamado da hierarquia é o grupo: não raro introduzido de maneira grosseira e leviana, mal compreendido e, por fim, desproporcionalmente sobrevalorizado, cabe ao trabalho em grupo a ingrata tarefa de guardar lugar, de preencher o vazio deixado pelas "hierarquias extintas". Fortalece-se assim a crença absurda de que trabalho em grupo e hierarquias são mutuamente excludentes. Na verdade, o que ocorre é exatamente o contrário: o trabalho em grupo não serve como meio de direção e de coordenação e modelo propagador de organização e, para funcionar, exige uma estrutura obrigatória, tal como a oferecida pela hierarquia. Em vez de seguir uma lógica funesta de "ou isto – ou aquilo", a solução "tanto isto – quanto aquilo" parece aconselhável.

O trabalho em grupo como pretenso sucessor e mero substituto das hierarquias aterrissou no lugar errado. Na qualidade de contraprojeto às normas autoritárias e estritas das hierarquias, ele é preconizado como ninho de colegas, cordial. A expressão "membro da equipe" já dá a impressão de se tratar de um grupo intimamente unido e solidário, do qual é necessário se tornar sócio. Uma empresa, no entanto, não é uma associação nem mesmo um time de voleibol; ela emprega funcionários, não recruta membros.

A "humanização" do trabalho em grupo trivializa seu próprio sentido e objetivo: ele é uma forma de trabalho conjunto, que serve para o intercâmbio, o contato pela rede e para a generalização do conhecimento, ao qual não se pode abdicar em uma economia do saber. Um grupo só consegue reconhecimento quando seu desempenho é rentável para a empresa. Ele não é útil nem para a simpática convivência nem para a construção conjunta de idéias mirabolantes durante o *meeting* ou de uma espécie de autogerenciamento para definir metas de projeto "estranhas à empresa". Em resumo: não há motivo para confundir, segundo o humor, trabalho de grupo com auto-realização e entretenimento criativo, invadindo a esfera humana e íntima. No trabalho em grupo o que importa é o desempenho daí resultante. O objetivo não é fazer com que, assim, as pessoas se aproximem ou vivenciem o lado oculto de sua personalidade.

Quem levianamente declara a parceria com outras pessoas e a igualdade de direitos como o fundamento do trabalho conjunto está tentando fazer com que o grupo assuma o lugar da empresa: o indivíduo, nesse caso, só existe no grupo totalmente obrigado à proximidade; a empresa pouco a pouco se degenera em meio a tudo isso, tornando-se um imenso aparelho frio e anônimo, do qual o funcionário pouco a pouco se desvincula. O grupo enquanto microcosmo visível da empresa se degenera na reunião social. Em vez de estabelecer pequenos nichos plenos de intimidade e de segurança e elevar os grupos na condição de centro da empresa, seria preferível incorporá-los à organização hierárquica claramente definida, encabeçada pela chefia, para que não voem de um lado para outro como abelhas autônomas, sem lugar fixo na estrutura da empresa.

Ao mesmo tempo, o trabalho em grupo não pode transformar-se em dogma. O trabalho conjunto e o intercâmbio deverão ser cobrados se fizerem sentido e forem necessários, quando se necessitar do conhecimento especial e do talento de diversas pessoas. Os desempenhos dos membros da equipe são primeiramente apresentados pelo indivíduo antes que ele os disponibilize ao grupo, e isso especialmente quando se trata de esboços intelectuais, soluções complicadas, projetos detalhados que ele deve compreender, analisar e planejar. E aí ele também tem todo o direito de dar destaque a seu próprio trabalho e não oferecê-lo como produção do grupo.

Em outras palavras: o trabalho concentrado pressupõe muitas vezes até o "isolamento". É necessário levar a sério a confissão de que se trabalha melhor e com mais rapidez sozinho e, por conseguinte, respeitar o desejo de silêncio e de concentração.

Antes de mais nada, o trabalho não é uma questão coletiva. A maioria dos chefes tem muito mais consciência disso do que se imagina. Um estudo realizado no ano 2000 mostrou que a maioria das pessoas com cargos de liderança aprova o trabalho em grupo, mas só até o momento em que elas próprias precisam ser incorporadas à equipe: 70% do pessoal de liderança prefere trabalhar sem ser incomodado e sozinho, enquanto só 10% optam por realizar o seu trabalho em grupo. Isso mostra que não há muita coisa sob o barulho que se faz em torno do trabalho em grupo. De acordo com um estudo do Institut für Arbeitswissenschaft [Instituto para a ciência do trabalho] da Universidade Kassel, o trabalho em grupo é "freqüentemente confundido com um mecanismo automático, ou seja, um *management* que, na maioria dos casos, move-se para bem longe de todo o pensamento do grupo". E a revista *Financial Times*, de 7 de agosto de 2001, faz referências a um estudo da Europäischen Stiftung zur Verbesserung der Lebens- und Arbeitsbedingungen [Fundação Européia para a Melhoria das Condições de Vida e de Trabalho], segundo o qual apenas 4% de todas as empresas alemãs não só se orgulham do trabalho em grupo, mas também desenvolveram realmente uma "cultura" de tal trabalho.

TUDO SE DEVE, NADA SE PODE

Como se algo pudesse acontecer sem motivo,
e como se tal motivo pudesse ser externo ao ser em ação,
e não estar em seu próprio interior.
GOETHE

MOTIVAÇÃO – POÇÃO MÁGICA E ARMA MILAGROSA

Como matéria-prima da economia do saber, o trabalhador precisa ser posto em movimento. Tal como ocorria antigamente na indústria, em que o número de rotações e a velocidade das máquinas eram importantes, as capacidades do trabalhador também devem ser elevadas, para que, tanto quanto possível, ele produza em troca idéias inovadoras e conhecimento de alto valor.

Desde que o empregado se emancipou e trabalha em grande escala de modo autônomo, exigências e instruções claras não levam muito longe. O que conta é o prazer em desempenhar o próprio trabalho, e este é, ao mesmo tempo, o ponto fraco do funcionário moderno. É aqui que se deve "apanhá-lo", é aqui que ele está vulnerável.

Também já se encontrou a chave para estimular a capacidade de desempenho oculta. Todos concordam que tudo é uma questão de motivação. Em vez de fazer exigências concretas como "Agora faça isto, por favor", o que vale é estimular e encorajar a disposição de desempenho do funcionário: "Você também quer isso", "Esta é a sua chance", diz o chefe; "Agora você pode mostrar o que sabe", acrescentam os colegas; "Vai ser bom para você", diz o industrial.

A motivação como "a soma das causas que influenciam uma decisão ou ação" e "a disponibilidade de executar determinada ação em uma situação concreta com determinada intensidade, quer dizer, durabilidade", segundo a definição de alguns dicionários, é a palavra-chave para gerenciar o colaborador esclarecido. Inúmeros seminários abastecem o líder, sedento por aprender com o *know-how* necessário, e até mesmo o supermercado da esquina procura desesperadamente um gerente de filial que entenda sobretudo de "motivação de colaborador" ("Sr. Müller, parabéns por seu trabalho na caixa registradora; e também por ter arrumado os iogurtes; bem, acho que, no próximo sábado, não haverá problema algum em liberá-lo às 14 h").

A capacidade de motivar torna-se uma espécie de aditivo que leva o funcionário a trabalhar em velocidade máxima e com todo seu desempenho, toda sua energia e conhecimento. Valores simples como aplicação, esforço e disposição de executar seu trabalho com toda a consciência já não bastam. "Toda vez que se alcança alguma coisa, há atrás disso um ser humano, possuído por uma missão", confirma também Peter Drucker. A motivação torna-se o ponto axial e de inflexão, com a qual o desempenho do indivíduo se mantém ou sucumbe. Se alguém ainda não percebeu: em cada funcionário dormem potenciais nunca imaginados, que até agora nem ele mesmo conhecia, e estes precisam ser corretamente alimentados, estimulados ao máximo e diariamente desafiados para o novo. Quando a vontade é muito grande, o mundo é pequeno, diz o ditado. O rapaz da propaganda da UPS fornece um bom exemplo: quando o cliente chama, não há mais lugares distantes nem ruas congestionadas e pode-se muito bem renunciar à hora do almoço. "Sempre fazemos algo mais do que o que está em nosso manual", eis o segredo de seus motivadíssimos funcionários, revela a empresa.

Estar cercado de empregados motivados, todos imbuídos de espírito de iniciativa e de inabalável entusiasmo: quem não quer isso? É lastimável quando o empregado só mostra suas capacidades aos sábados à tarde no jogo de futebol com seus colegas ou então dá tudo de si na brilhante organização da confraternização anual. Agora, desculpem-me, mas ele deve surpreender por estar em plena forma onde realmente é necessário: no trabalho.

Não se alcança esse objetivo disponibilizando trabalho. A equação simples "Trabalho em troca de salário" já caiu em desuso e, portanto, é preciso pensar em algo mais. Formulado de modo mais complexo: a "motivação extrínseca" que, desvinculada do próprio processo do trabalho, adota uma remuneração implantada artificialmente, se sobrepõe à "motivação intrínseca" – como a disposição de cumprir sua atividade – porque mobiliza motivos "por si só".

Onde há vontade, há também um caminho

Quanto a saber qual é a melhor maneira de apresentar a motivação como uma espécie de poção mágica moderna, há um número expressivo de consultores, orientados para a prática, que, sem nenhum pudor, recomendam logo uma série de truques refinados. Pois o melhor a se extrair de um empregado é isto: tudo. Para se estimular convenientemente a motivação dos empregados, toda e qualquer contingência é revertida em bônus e em bombons para a gratificação pessoal. Nenhum gasto é muito elevado, nenhum esforço muito ridículo, nenhum caminho muito bizarro. Tudo isso sempre é compensador.

Em tempos de "multissubjetividade" ou de "gratificação baseada na competência", o salário é sem dúvida um elemento de motivação individual. O valor depositado na conta bancária no fim do mês depende, então, da opinião de outros. Ou uma amistosa reunião de gerentes delibera sobre o que se produziu, ou alguns colegas dão as notas a partir das quais se calcula o salário. Não teve motivação suficiente, foi malcriado com os colegas tão solícitos, faltou no curso de aperfeiçoamento para empregados?! Sente-se! Nota 6,0! Essa nota não é mais inscrita no boletim, mas chega em casa no próximo holerite.

Os chefes de uma grande agência de publicidade de Hamburgo, por exemplo, de tempos em tempos chamam seus colaboradores à sala de reuniões para as denominadas "conversas do champanhe". Nessa ocasião, tanto os empregados quanto as chefias são convocados para, de modo independente uns dos outros, classificarem em uma escala o desempenho e a capacidade demonstrados. Caso haja concordância, o empregado ganha como gratificação uma garrafa de champanhe: "Parabéns, você sabe a nossa opinião a seu respeito!"

Nos fins de semana, turmas inteiras de empresas de médio porte e departamentos de grandes multinacionais são trasladadas para escolas municipais e salas de reunião de hotéis, para se deixarem converter pelos autodenominados "gurus *think-pink*", cheios de sabedoria de botequim e psicologia de algibeira para funcionários motivados. Ali eles irão passar "os dias mais motivados, instrutivos e divertidos de suas vidas", ou descobrir "o que até agora não lhes permitiu utilizar a força capaz de mudar toda sua vida", como promete, por exemplo, o "Programa para o sucesso" de Anthony Robbins.

Associações para promover aniversários de crianças, áreas de lazer e *happy hours* são realmente desejadas; enfim, a motivação, vendida a rodo, é uma "questão de estômago", e isso funciona melhor ainda num clima infantil. Nesse caso, antes de mais nada, a razão deve recuar discretamente para o fim da fila. "Chega de rotina!", é o que se diz. Somente quando se deixa a "zona de conforto" – essa comodidade incômoda, indolente – é que o sucesso chega inevitável, a acreditar em Jürgen Höller, *entertainer* de motivação.

Obstáculos são desafios, problemas existem para ser solucionados, o sucesso se constrói e não é mais uma questão de vontade. Quem ainda não o conquistou não está motivado de verdade, e a culpa é só sua. Todos os que não o alcançaram têm de servir como exemplo intimidador, pois cada um deve assumir integralmente não só o sucesso, mas também o fracasso. A esta altura, a lógica cínica de que "só é pobre quem não tem coragem suficiente", defendida por Jürgen Höller, já bem fortalecida também do ponto de vista financeiro, não deixa mais dúvidas: "O fracasso é o grande tabu dos dias de hoje" (Richard Sennett).

EXCESSO DE EXIGÊNCIA, DESCONFIANÇA E CONTROLE

Chefes e empresários, possuídos pela doutrina de motivação, investem muito tempo elevando cada vez mais sua espiral com promessas difusas e desconexas, bem como intensificando absurdamente a disponibilidade e o entusiasmo de seus funcionários.

A motivação torna-se, ao mesmo tempo, um mecanismo automático e um rótulo e abala perigosamente a qualidade do trabalho. Cobrado apenas pela virtude, um número significativo de funcionários dedica-se inteiramente a deixar, tanto quanto possível, uma impressão motivada: pois só a motivação percebida pelos outros vale também como tal. Não raro isso resvala para um acionismo estúpido, iniciativa cega e funcionários que se lançam ao trabalho com zelo insensível e impetuoso, destituídos de toda razão. Isso também significa: "não deixar a peteca cair", percorrer as salas da empresa dinamicamente, fazer tempestade em copo d'água, permanecer de vez em quando e de bom grado nas dependências da empresa, mesmo depois do fim do expediente, e, assim que o chefe aparecer, mostrar seu rendimento máximo. Quem trabalha com afinco sem chamar a atenção dos outros pode ter o máximo de motivação, mas de nada adianta se ninguém fica sabendo disso.

A auto-avaliação e a pretensão exageradas não são apenas consentidas, mas estimuladas: "Tudo bem, Roma não foi construída num dia. Tudo bem, mas eu poderia dizer aos romanos que eles não motivaram corretamente o seu pessoal." Assim, o recém-despertado interesse da maioria das lideranças pela motivação não está ligado à própria motivação, mas ao que ela é capaz de conseguir. Com todos esses esforços, deve haver algum resultado.

Na maioria das vezes, as exigências com que um funcionário motivado por seu trabalho se depara estão bem acima das que antes ele tinha de cumprir de modo simples e sensível. Uma vez que o funcionário incansável e dispendiosamente motivado pode liberar outras energias e dificilmente concorda com exigências excessivas, é natural que se espere um pouco mais dele. A motivação torna-se o bilhete de viagem gratuito. Com a ajuda dessa motivação, é totalmente legítimo ser muito exigente em relação ao funcionário. Conta-se até mesmo com sua gratidão porque agora, enfim, alguém lhe mostrou tudo o que ele tem condições de desempenhar ou de produzir.

Além da expectativa desmedida, em geral ligada a isso, a crença na motivação do funcionário, cada vez mais difundida, permite um exame interessante da relação chefe e empregados, descrito detalhadamente por Reinhard K. Sprenger, que chegou a decifrar e segmentar com muito cuidado o "mito motivação". Pois, mesmo onde as exigências feitas ao funcionário se movimentam no âmbito do possível, a motivação constitui o meio garantido, por assim dizer, para impulsionar o empregado a exercer um trabalho consciencioso e exemplar.

Em outras palavras: só quando motivado, o funcionário revela de bom grado todas as suas capacidades, talentos e desempenhos, que jamais teria manifestado, sem a perspectiva de recompensa – quer dizer, espontaneamente e por si mesmo. Com isso se reforça a crença de que, sem o estímulo da motivação, ele nem sequer colocaria à disposição toda sua força de trabalho. A censura que se faz ao empregado soa como enganação, tal como descobriu Reinhard K. Sprenger: "A pergunta central do chefe é esta: como posso ter toda a força de trabalho de meus empregados? Essa pergunta traz implícito o seguinte pressuposto: os funcionários não produzem o que devem, o que se comprometeram contratualmente a fazer e para o qual são pagos (...). Para formular isso de modo mais corrosivo: Na verdade – eis a idéia implícita – todos os funcionários são vigaristas. Eles trapaceiam o empregador no que diz respeito a uma parte da força de trabalho, que ele paga."

O controle dos funcionários, que cresceu de modo vertiginoso, vem igualmente ao encontro dessa tese. Três entre quatro grandes empresas nos EUA controlam ininterruptamente os conteúdos dos contatos por *e-mail*, as conversas telefônicas, o armazenamento e as páginas de internet visitadas por seus funcionários, tal como mostra um estudo da American Management Association, realizado em mais de 2.100 empresas.

Quem é, portanto, favorável à motivação de seus funcionários dá a entender com isso que não tem a mínima confiança neles. Assim, todos os incentivos, estímulos e recompensas selecionados não passam de uma refinada combinação de brandura e rigidez de uma gerência, que se apresenta a seus funcionários com muita desconfiança e ceticismo.

BECO SEM SAÍDA DA MOTIVAÇÃO

A abençoada e maravilhosa arma da motivação foi tão propagada que, nos dias de hoje, um número cada vez maior de empresas precisa se incomodar com as conseqüências tardias dessa dosagem excessiva permanente.

Assim, na enumeração dos riscos e dos efeitos colaterais da motivação engenhosamente se ocultou que ela não se presta muito a consolidar a "atitude de trabalho", visto que não se mostra especialmente eficaz nem tem objetivos de longo prazo, algo que todo empresário deveria fazer questão. Essa arma prodigiosa não o torna mais produtivo, nem as empresas mais lucrativas. Como mostrou o professor Alfie Kohn, da Universidade de Harvard, não há um único estudo em todo o mundo que tenha demonstrado um aumento permanente de produção por meio de sistemas de estímulos.

A motivação não se deixa prolongar e ampliar ao bel-prazer. Ela não é imaginada como um estado permanente, mas vive do estímulo, e este só ocorre a curto prazo. Nenhuma criança no mundo se deixa convencer sempre com uma barra de chocolate a se retirar em silêncio para o quarto, tal como desejado. Ela exige mais. O mesmo ocorre com o funcionário. O efeito do hábito também não se detém diante dele. Ele perde o interesse e pede novos estímulos. O gênio inventivo do empresário é então questionado no momento em que ele decide brecar o "motor motivação". Tal como Reinhard K. Sprenger mostra com precisão, isso tem conseqüências funestas: "Sabendo que os estímulos rapidamente perdem a eficácia, é preciso elevá-los cada vez mais, o que leva à inflação de reivindicações que se alastra por toda parte. Analogamente, a iniciativa própria diminui. Os meios sabotam os fins. Dou à lei derivada dessa concessão o nome de 'dilema de Sísifo' da motivação. Ele diz: Toda motivação destrói a motivação."

Os atuais esforços das empresas para organizarem a convivência com o recurso conhecimento, sob o chavão "*management* do conhecimento", constituem uma amostra que evidencia o beco sem saída dos estímulos de motivação: antes mesmo que a empresa esclareça por que o funcionário precisa dividir seu conhecimento e cobre claramente essa atitude por parte dele, já se acena com prêmios. Mas quem sabe dizer com qual freqüência ou quando – se na copiadora, num telefonema ou na palestra – se descobre ou se transfere de boa vontade que tipo de conhecimento? Mesmo quando o aproveitamento e a oferta de conhecimento só podem ser agregados a muito custo e é difícil avaliar seu valor para a empresa, o conjunto das circunstâncias "em si" já está recompensado em demasia. De nada adianta, como mostra o exemplo a seguir de Uwe Döring-Katerkamp e Jörg Trojan, extraído do capítulo "Motivação e *management* do conhecimento" *Praxis des Knowledge Management*: um "documento científico" inserido por um funcionário na rede interna da empresa só era tão acessado porque colegas bem-intencionados o abriam constantemente, decerto por saberem que a freqüência do acesso era registrada e recompensada. O companheiro engajado e o motivado funcionário culto podiam então retirar o prêmio e convidar seus colegas "de luta" para um jantar.

Desse modo, a espiral da motivação cedo ou tarde volta a cair no mesmo ponto: um funcionário cada vez mais resistente a estímulos, que exige estímulos cada vez mais elevados, melhores e não desgastados para trabalhar mais um pouco, e um empresário que se reduziu ao indigno papel de *entertainer* de manhas e de gratificações.

CONDUZIR EM VEZ DE SEDUZIR

No momento, o intensivo e entusiasmado sacrifício do pessoal de chefia para motivar seus empregados é parte integrante de sua tarefa, quer dizer, da gerência do funcionário, quando não se verifica por si mesma, tal como insinua o ditado "motivar em vez de guiar".

Uma empresa não pode ter como objetivo pagar o inflado entusiasmo de ação de seus funcionários com sistemas de recompensa baratos. Do mesmo modo, parece ser absurdo seguir a lógica de um "se alguém está motivado, o resto vem por si só", e pensar que seria possível mudar a postura de seus empregados diante do trabalho sem colocar em discussão as condições concretas e os conteúdos e objetivos desse trabalho.

Em vez de chegar a acordos claros, dar ordens e definir objetivos e fins, contudo, uma maioria assustadora de gerentes e chefes adota uma postura parecida com esta: "Se quer construir um navio, não reúna os homens para encontrar madeira, distribuir tarefas e dividir o trabalho, mas instile neles a saudade do mar amplo e infinito." O uso abusivo da citação de Antoine de Saint-Exupéry é sem dúvida um dos modismos da atual administraçao de pessoal e reivindica um lugar fixo nas coletâneas de citações saturadas de experiências de vida e de provérbios de almanaque destinados a líderes. E já conseguiu enganar alguns empregados.

Antes de se lançar à motivação de seus empregados e de olhar de soslaio "como" o funcionário executa seu trabalho, procurando descobrir se ele está ou não motivado, a maioria dos chefes faria bem em se dedicar primeiro, de modo exemplar, à "satisfação do lugar de trabalho", pois isso causa menos problema.

O "capital ser humano" é complexo, obstinado e reage de modo sensível aos abalos. Essas belas recompensas e motivos implantados não levam mais longe que a famosa cenoura que se segura diante do focinho do teimoso burro para estimulá-lo a andar. O que mantém a eficácia a longo prazo é apenas a motivação que o funcionário extrai do próprio processo do trabalho: da infra-estrutura organizadora, da compreensibilidade das relações e dos processos, sem esquecer da comunicação dos fins, da utilidade e das tarefas em que se fundamenta o trabalho.

Sem dúvida, não cabe ao chefe se preocupar com a motivação permanente dos seus funcionários, mesmo que, tanto antes quanto agora, conste da relação das qualidades da gerência. Em vez disso, é necessário restabelecer exigências obrigatórias e indicações claras que apontem precisamente o que deve ser feito e como fazer. É função de cada chefe oferecer as condições de trabalho necessárias; ao formular com clareza as exigências, ele possibilita acordos sólidos e dá orientações.

Por outro lado, é também direito do chefe, assegurado por contrato, exigir que o funcionário coloque sua produção e seu conhecimento à disposição da empresa. Isso do mesmo modo que se espera que um padeiro asse pãezinhos ou que um salva-vidas fique atento para que ninguém se afogue, e sem que precisem ser estimulados a manter a disposição.

Uma administração de recursos humanos sólida exige, além disso, que o superior ofereça a seus subordinados aquilo que há muito tempo alicerça o bom desempenho: respeito e reconhecimento. Para tanto, deve-se primeiro acreditar no princípio de que o funcionário cumpre as exigências com toda a consciência e se mantém dentro dos acordos celebrados, sem que para isso seja necessário um estímulo extra por meio de recompensa. Além disso, deve-se ter o cuidado de exigir dos funcionários apenas desempenhos realistas e de consignar-lhes tarefas e atividades que correspondam a seu desempenho e qualificação e a seu talento.

As subexigências e as possibilidades deficitárias de desenvolvimento profissional dos funcionários – e, nesse ponto, nem mesmo todos os "modelinhos" de motivação atirados a seus pés, por mais apetitosos que pareçam, vão alterar alguma coisa – continuam a ser um indício claro de uma carência de respeito, o inimigo de qualquer motivação em si.

Em vez de estimular os funcionários a se voltarem para os resultados, eles precisam de espaço e de tempo para as dúvidas e reflexões. Um bom trabalho precisa de tempo, bom senso e tranqüilidade. Particularmente se se trata de coisas imateriais, como conhecimento, serviços e informações. As tarefas que o indivíduo tem de solucionar são cada vez mais complexas. Os problemas, os conflitos, o imprevisível e a contradição são, por conseguinte, parte integrante do trabalho. Isso exige reflexão consciente, análise e compreensão das relações, exigências que, contudo, não são muito compatíveis com o tipo explorado, supermotivado, que um número cada vez maior de empresas criou para si. Conhecimento assegurado e resultados ponderados não produzem nem mesmo a intuição ou a ilusão de que é possível fazer algo. Nem sempre onde existe vontade já existe um caminho a seguir.

Como compensação, pode-se esperar que o funcionário respeite as determinações e os pedidos solicitados a ele. Isso também significa que ele se ocupa intensamente com os problemas do seu trabalho e reflete, em vez de apenas trabalhar sem rumo. Não se deve ignorar as dificuldades e tampouco deixar dúvidas sem resolver. Elas fazem parte do trabalho e muitas vezes são um estímulo importante e uma condição para um bom desempenho.

O escritório Mair u. a. reintegrou ao trabalho o fracasso. Partimos da premissa de que o funcionário que nunca tem dúvidas e não comete nenhum erro não trabalha. Quem realiza seu trabalho sem muito esforço e jamais franze a testa é suspeito.

Relações regradas

Muitas vezes se sofre porque se tem muito trabalho,
mas nenhuma tarefa.
Helmut Walters

Gerenciar recursos humanos sem acordos obrigatórios, sem regras e exigências não funciona, pois gerenciar também significa estabelecer limites para controlar e determinar. É o chefe quem se incumbe dessa tarefa e não se esconde atrás de sistemas difusos de recompensa e de motivação.

Em vez de discutir tudo com freqüência e sempre de novo, e apostar em opiniões pessoais, é preciso estabelecer linhas diretrizes e trabalhos regulamentares, válidos para todos, que cada empregado deve observar irrestritamente. A vantagem dessas normas provém de sua validade: elas regulam as relações, cuidam da clareza e da conseqüência, aliviam o funcionário e exigem que a liderança seja novamente liderança. A vantagem de uma empresa totalmente baseada em regras e obrigações é evidente: os empregados podem perseguir aquilo para que originalmente foram contratados: o seu trabalho.

Isso também facilita o trabalho dos empresários e da chefia, que consiste em encontrar as decisões consideradas eficientes e convenientes, e não as que prometem a maior motivação possível do funcionário. Os conflitos pertencem ao cotidiano da empresa; todo esforço empregado para disfarçá-los ou evitá-los de modo que não perturbe o clima harmonioso da empresa como sutil mola propulsora da motivação é inútil: se o colaborador não apresenta a produção desejada, deve-se conversar isso claramente. Se há divergências, isso significa que é preciso fazer valer sua autoridade e apoiar-se nas regras.

Tudo seria diferente se fosse necessário persuadir o empregado a realizar um trabalho espontâneo e não-remunerado. Mas ele é pago pelo seu trabalho, sua recompensa é seu salário, como reza o contrato. O empresário compra o desempenho e a capacidade de produção do funcionário necessária para isso, e este, por sua vez, se declara disposto a realizar o seu serviço de acordo com os regulamentos da empresa, sem se questionar a todo momento como e por que ele isto ou aquilo e se obtém daí suficiente estímulo e sentido.

Se quiser realizar suas próprias idéias e se apresentar como ser humano integral, deverá procurar outro lugar para fazê-lo. "As organizações se caracterizam pelo fato de se abstraírem dos interesses individuais dos empregados. Ao assinar um contrato de trabalho, o funcionário se declara disposto a deixar de lado seus próprios interesses e a aceitar primeiro as regras da organização", escreve Stefan Kühl em seu livro *Das Regenmacher-Phänomen* [O fenômeno do fazedor de chuva]. Esse é o cerne de um empreendimento econômico. Ele garante a sua sobrevivência, antes de tudo, não prioritariamente com o envolvimento pessoal do indivíduo, mas através de regras formalizadas que, ao mesmo tempo, asseguram que este permaneça substituível e permutável. Os funcionários do escritório Mair u. a. são bem instruídos a não esperar muita satisfação da atividade e a não colocar expectativas excessivas em seu trabalho. Não guardamos segredo em relação a isso. A primeira coisa que um funcionário novo recebe é um catálogo com todas as regras obrigatórias. Estas fornecem as linhas mestras para o trabalho em grupo e as exigências daí resultantes para o funcionário.

As regras elencadas a seguir constituem um resumo do catálogo de regras do escritório Mair u. a., tal como exposto na empresa e distribuído a cada funcionário. Cada um desses pontos é retomado nos capítulos subseqüentes, que discutem detalhadamente o significado e o fim de cada uma dessas regras.

O MANUAL DE REGRAS

1. Período de trabalho (De segunda a sexta-feira)
   Trabalha-se apenas nos dias da semana, de segunda a sexta-feira. Nos fins de semana e feriados, por princípio o escritório permanece fechado.

2. Horário (Das 9 h às 17h30min)
   O expediente inicia-se nos dias úteis pontualmente às 9 h. Às 17h30min encerram-se as atividades e às 18 h o último funcionário já deixou o escritório. A partir das 17 h não é obrigatório atender às chamadas telefônicas. Os funcionários e o empresário chegam a um acordo em relação às horas de trabalho que o empregado deve cumprir durante a semana e elas são divididas em conjunto ao longo do período; com isso procura-se atender aos desejos do funcionário. Uma vez estabelecidos, os horários de traba-

lho são obrigatórios; devem ser cumpridos à risca e são mantidos.
Se alguém precisa faltar ao trabalho, se atrasar ou deixar o escritório antes do término do seu horário de trabalho, deve informar com antecedência. O motivo e o tempo de interrupção devem ser registrados espontaneamente no calendário afixado; as datas são aprovadas "de cima" no início da semana. Os compromissos particulares (como consultas médicas ou inspeções no carro) devem ser combinados com mais de duas horas de antecedência. Antes das 9 h e após às 18 h o escritório está fechado. Nenhum funcionário dispõe de chave do escritório.

3. Pausa (Das 13 h às 13h30min e das 13h30min às 14 h)
Entre as 13 h e 14 h, cada funcionário é obrigado a fazer ao menos meia hora de pausa para o almoço, tendo antes o cuidado de encarregar um colega de atender às chamadas telefônicas durante sua ausência.

4. *In loco*
Os funcionários sediados em Colônia e região estão proibidos de levar para casa qualquer serviço da empresa. O trabalho está restrito às quatro paredes do escritório. É proibido levar para casa dados de trabalho do escritório ou levar para o escritório dados organizados em casa. Se, apesar disso, ainda se continua a levar projetos para trabalhar em casa, isso tem conseqüências. A única atividade permitida fora do âmbito da empresa é a leitura. Funcionários que não podem trabalhar no escritório devem se lembrar que são pagos por um trabalho de oito horas por dia. Eles são convidados a cumprir as horas do expediente.

5. Emprego
   Na escolha do funcionário, se ocorre um empate na qualificação, por princípio as mulheres têm primazia.

6. Prazer
   Quem pensa que trabalho bom é só aquele que também dá prazer está na empresa errada.

7. Ordem
   Todo funcionário tem seu lugar de trabalho fixo e, ao fim do expediente, deve deixá-lo arrumado e em ordem. O mesmo vale para todos os materiais de trabalho e para a louça por ele utilizados.

8. O plano existencial
   Não somos amigos; somos colegas ou chefes. Por isso, problemas particulares devem ser deixados de lado durante o período de trabalho. Devem-se evitar conversas de teor privado e não comercial. Solicita-se aos que não conseguem fazê-lo que se limitem ao essencial. Há uma tolerância de cinco minutos. Se a conversa for demorar mais que isso, será melhor deixá-la para a hora do almoço.

9. Contatos particulares
   Os telefones celulares devem ser desligados durante o expediente. Também não há motivo para distribuir simpática e animadamente o número da empresa para todos os conhecidos e parentes. Só na hora do almoço é permitido dar telefonemas pessoais ou enviar *e-mails* particulares. Aqui também é válido o lema: não são necessários mais que cinco minutos.

10. Convivência
    Durante o expediente, chefes e colegas devem ser chamados pelo sobrenome e, em princípio, utilizando a forma de tratamento. O clima de convivência é funda-

mentalmente educado, amável e cordial, e não muito informal. Fora disso, ninguém é obrigado a ser especialmente espirituoso, charmoso ou interessante. Funcionários mal-humorados ou taciturnos serão tolerados desde que não atrapalhem o funcionamento.

11. Vestuário
    Durante o trabalho deve-se vestir roupa de trabalho. Toda funcionária recebe um conjunto de saia e *blazer*; além disso, há camisetas e blusas de lã, também para os homens.

12. Diante do cliente
    É obrigatório trajar o uniforme da empresa nos compromissos com clientes. A primeira exigência é utilizar diante deles a forma de tratamento "senhor". O próprio cliente também deve ser tratado por "senhor", custe o que custar. Diante do cliente existe apenas o "nós" da firma; a palavra "eu" deve ser evitada tanto quanto possível.

13. Após o trabalho
    O que cada um faz na sua vida particular é particular e, portanto, só diz respeito a ele mesmo. Não se espera que ninguém se ocupe do escritório fora do expediente. Muito pelo contrário: desaconselha-se que o dia-a-dia de trabalho seja assunto de conversas para preencher noites, assim como também o contato exagerado com os colegas. Quem, apesar disso, pensa que é necessário haver uma proximidade maior, também no plano particular, deveria evitar tanto quanto possível falar do escritório. Também aqui deveria valer: cinco minutos são suficientes. Além disso, cada qual deveria se esforçar para não falar "nós" ao se referir ao escritório. Não estamos todos no mesmo barco, a não ser diante do cliente.

14. A última palavra
Grande parte das decisões e determinações é encontrada pelos superiores. Todos os funcionários devem segui-las. Elas são obrigatórias e não devem ser questionadas. Se os funcionários não chegam a nenhuma solução clara em decisões que deveriam encontrar por si sós, o chefe pode encurtar a qualquer momento o vaivém, tomando a decisão.

15. Cada um cuide de si
As competências também são claramente repartidas. As tarefas são distribuídas e não escolhidas. Cada funcionário deve cuidar do raio de ação que lhe foi destinado e do projeto pelo qual está encarregado. Ele tem a obrigação de compartilhar o seu conhecimento, o que, no entanto, não é um pretexto para se imiscuir em assuntos dos superiores e dos colegas. Se há pontos obscuros e incertezas quanto ao próprio projeto, estes devem ser comunicados diretamente ao chefe e com ele discutidos.

16. *In* é *out*
Tudo o que no mundo do trabalho moderno é considerado como "a última palavra" ou o "acessório do momento" não tem lugar aqui. Quem chega de patinete estará melhor em outro lugar.

17. Palavrões
A lista das palavras proibidas apresenta um levantamento de todas as palavras cujo uso é expressamente vetado no espaço da empresa. A lista não pretende ser acabada e pode ser completada e ampliada; por favor, nada de *jingles* nem de mascotes no diário, tampouco de *work flow*. Do mesmo modo, não queremos ouvir falar de *deadlines*, *briefings*, *meetings* ou *brainstormings*. Quem acredita ter "visões"

é porque está confuso; o lugar das "tendências criativas" com "mais-valia" é o cesto de lixo.

18. Mesa-redonda
    Às segundas-feiras de manhã, todos os funcionários e superiores se reúnem para uma conversa, na qual se dão as determinações a partir "de cima", isto é, quem executa o quê, quando e como na semana. Além disso, novas metas são formuladas; os resultados alcançados até o momento são controlados e sucessivamente ajustados e, se necessário, corrigidas as exigências. Essas reuniões visam fornecer a cada funcionário as informações necessárias para seu trabalho e esclarecê-lo sobre a posição de cada um. Gracejos informais e discussões que ultrapassem o tolerável não constam do programa.

19. O usual é bom
    O foco é o trabalho. Dispensamos qualquer cultura empresarial que glamorize a empresa. Não afirmamos que em nossas fileiras se encontram os melhores; não cultivamos nenhum *entertaiment*, nenhuma atitude, nenhuma superestrutura filosófica. Em vez disso, temos a normalidade banal e o cotidiano sem surpresas. Dispensamos qualquer esforço para transformar o dia-a-dia em *happening* e para sobressair.

20. Pontos negativos
    As regras aqui elencadas devem ser respeitadas por todos. Caso não sejam observadas, haverá conseqüências.

O retorno à empresa

Trabalho como fator de prazer

Se por acaso você procura um trabalho interessante,
jogo e prazer, então aqui é o seu lugar!
De um anúncio de emprego da
Gambas Entertainment S/A

O trabalho como fim em si

Durante milênios, o trabalho foi visto como um ganha-pão. Já na Bíblia, no Livro de Moisés, consta que o trabalho não passava de um lembrete para a curiosidade imoral de Adão que, a partir de então, "deveria comer o seu pão no suor do seu rosto". Do mesmo modo, a opinião que circulava na antiga Roma entre os filósofos de que o trabalho só seria válido se fosse possível evitá-lo e de que se deveria dar preferência à delicada ociosidade soa nos dias de hoje antiquada e com certa fobia à produtividade. E quem não se recorda, com grande aversão, dos tempos em que o próprio pai, à mesa, durante o jantar, resmungava e falava mal do seu chefe e, quando o assunto era trabalho, tratava-se sobretudo de ganhar dinheiro?

Desde que grassa a conversa da auto-realização profissional, trata-se no trabalho cada vez menos de ganha-pão e, muito mais, de paixão e de sentido. O trabalho como mal necessário de subsistência torna-se cada vez mais uma pedra valiosa para a construção da própria biografia. Tal como comprovam os estudos, mais da metade dos trabalhadores continuaria a trabalhar com prazer após ganhar na loteria uma grande quantia em dinheiro, mesmo não precisando mais do seu salário.

Com isso, o trabalho se torna cada vez mais escasso: setores industriais inteiros estão fenecendo apesar da subvenção previdentemente neles injetada, as relações de trabalho contínuas e o emprego para todos é um modelo em extinção. Embora as atividades que atuam com o conhecimento, a prestação de serviços e as informações estejam aumentando, de modo geral, observa-se que cada vez mais pessoas precisam dividir cada vez menos trabalho. Mas o trabalho permanece como o fator mais importante. Uma vida sem ou então só com pouco trabalho parece, por assim dizer, inumana. Ou então, como o Grupo Krisis de Nuremberg descreve em seu *Manifesto contra o trabalho*: "A sociedade nunca foi uma sociedade de trabalho tão marcada como na época em que o trabalho se torna superficial. É justamente quando morre que o trabalho se revela um poder extremamente totalitarista, que não tolera nenhum outro Deus ao seu lado. No dia-a-dia e até na psique, ele determina o pensamento e a ação (...). Quanto mais se perde de vista que a sociedade do trabalho alcançou o seu fim definitivo, tanto mais esse fim é reprimido de modo violento na consciência pública."

No Japão, já existe uma solução pronta para esse problema. Um grande número de empresas descobriu os recém-desempregados e o seu medo perante a tormenta pública como grupo-alvo lucrativo. O desempregado é provido de um pacote-placebo, contendo emprego ocasional, título, cartão de visita e caixa-postal, e a secretaria assume o serviço de atendimento telefônico, bem como cuida do cheque que paga o salário regular.

O trabalho que permanece torna-se mais estilizado como realização quanto mais se livra de labutas excessivas, rotinas cansativas e regulamentos pedantes e abre ao funcionário a possibilidade do desenvolvimento e da produção criativa. "Proclama-se um novo tipo de conceito de trabalho, livre do suor, da sujeira e da fadiga", constatam a etnóloga Johanna Riegler e Fritz Betz, sociólogo de cultura e dos meios de comunicação de massa, que pesquisaram como a nova imagem do trabalho é apresentada e transmitida na propaganda. Em vez de apregoar o fim da orientação sobre o trabalho, a tendência é a de "uma intensificação e expansão, isto é, de uma mobilização crescente da sociedade do trabalho". Liberto do tempo e do espaço, ele exige o recurso humano com todos os seus potenciais, capacidades e prontidão veemente de desempenho.

Os dois lados da medalha trabalho, a sua posição-sanduíche entre "trabalho" penoso e "obra", na qual o trabalhador se realiza, desde sempre forneceram matéria para debates atuais e tratados teóricos. Hoje, ao que parece, extinguiu-se a contradição. Coerção e obra, trabalho e lazer, seriedade e brincadeiras não representam mais contradições.

Do mesmo modo, um protótipo histórico para isso também já foi encontrado: o caçador e coletor dos tempos remotos, em cuja vida o trabalho se inseriu sem deixar marcas, serve de ideal glorificado. E, se ele não servir, então os habitantes dos altos Alpes italianos, poupados pela industrialização, servirão como modelo para esclarecer, de uma vez por todas, que a verdadeira felicidade só alcança aquele que abjura a separação mesquinha entre trabalho e vida, brincadeira e seriedade. Quer tomemos o exemplo do idílio nos Alpes ou aquele da "concepção de trabalho" romântico-excitante do caçador e coletor, parece estar decidido qual aparência deve ter o novo *modus* de vida do homem trabalhador. Mesmo em um passado mais recente é possível encontrar exemplos. Embora muitos dos *start-ups* da nova economia não estejam mais entre nós, uma coisa eles demonstraram: aquele que pode referir-se a um trabalho desafiador não precisa de muito mais na vida.

Mesmo que o seu trabalho não gire em torno de fardos de palha, caça de animais ou fogo de acampamento, o funcionário precisa reconhecer hoje que o verdadeiro prazer no trabalho só é possível quando não é mais visto como uma obrigação, mas sim como uma atividade significativa, que promete realização. Segundo a tese, ambos os lados, empresário e empregado, lucrariam com isso. O empresário se declara responsável pelo entretenimento, pelo desafio e pela variação, e o empregado promete não mais esbanjar a sua curiosidade e o seu espírito inventivo no mundo empoeirado do lazer, e sim trazê-los prontamente para a empresa no processo criativo da produção.

JOGO, PRAZER E SURPRESA

Se atualmente olharmos ao nosso redor, praticamente não existe mais ninguém que não tenha aprendido esta lição: o trabalho passou a ser diversão, a seriedade se transformou em jogo e os colegas se tornaram amigos e família. E, diante de tanto bom humor, o empregado poderia quase se esquecer de que não está sozinho para se divertir. Esse prazer certamente é importante. Se, todavia, para a motivação dos funcionários, ainda puderam ser encontrados motivos supostamente plausíveis, já que ela ao menos visa à disposição de desempenho e está ligada ao processo do trabalho, então a diversão no trabalho, hoje exigida em toda parte, marca a próxima ascensão ao absurdo.

O trabalho não apenas pode, mas também deve ser prazeroso, conforme a exigência obrigatória, aceita por toda parte. Por muito tempo, dirigido triste e seriamente por senhores mais idosos em ternos de risca de giz, metidos em escritórios empoeirados, o mundo econômico foi devidamente abalado e apresenta-se agora repleto de bom humor e de idéias engraçadas. Quem ainda não conseguiu compreender isso cedo ou tarde tem os olhos abertos pela publicidade: o encontro se chama agora *meeting* e se exaure em uma pescaria no Pacífico, na qual se tem muita diversão e algumas idéias que se desviam da norma. A cerveja – como produto solicitado – não pode faltar. É responsável pelo bom humor. Ao empresário, que relaxado indaga pelo celular sobre a posição dos resultados, isso não causa incômodo algum. Ele se permite a primeira garrafa e concede de boa vontade mais um dia de prazo.

Apenas uma entre as muitas versões do *management by fun*. O que conta é o fator prazer. Se é necessário trabalhar, então que seja com muito entusiasmo: "Prazer é outra palavra para alegria, entusiasmo, motivação e sentido. Aquele que não sente prazer no trabalho também não será eficiente ao longo do tempo. Sem o fator prazer tampouco há uma experiência de sucesso profissional", confirma também o papa do lazer na Alemanha, dr. Horst Opaschowski. O prazer não é um fenômeno agradável que acompanha o trabalho, mas sua meta e seu fim. E, assim, possivelmente não tardará para que se substitua a pergunta sobre a atividade profissional ("O que o(a) senhor(a) faz?") pela pergunta sobre o "fator diversão", tal como Matt Weinstein profetiza em seu livro *Management by fun*: "'O senhor sente prazer?' é uma pergunta inovadora, que se deve colocar na vida econômica do futuro. Só quando começamos a colocar essa pergunta para nós mesmos e para os outros é que podemos realmente transformar o nosso trabalho." "Sentir em vez de fazer" é o que reza o respectivo credo.

"Cria-se uma sensação de descoberta, uma sensação criativa, que transfere o indivíduo para outra realidade. Essa impele a pessoa a produções mais elevadas e conduz a um estado de consciência antes impensável." Com essas palavras, Mihaly Csikszentmihalyi, professor doutor em psicologia, descreve o estado ao qual se deve chegar se, totalmente independente do que se faz, se deseja ter prazer com a própria atividade: o estado do *flow* [fluir]. Se esse estado de consciência caminha com o trabalho, fala-se então, preferencialmente, de *work flow*.

Um estado próximo do êxtase. Mergulhado no trabalho excessivo e entremeado por momentos de felicidade, o funcionário não tem uma compreensão melhor das coisas no "*work flow*", tampouco a respeito do passar do tempo. "É como flutuar", dizem uns, "como um impulso", "completamente presente", dizem os outros.

A total dedicação é explicada como a meta do trabalho em si. Assim, o empregado deixa de ser um trabalhador profano, que só faz aquilo que declarou estar disposto e obrigado a fazer, mas migra para a esfera dos inventores geniais e visionários criativos. A profissão torna-se vocação, o trabalho, obra. O que outrora era reservado a artistas, poetas e filósofos – o entusiasmo eufórico, o tornar-se uno com o trabalho, a fusão entre fazer e ser – atualmente também deve atingir gerentes de projetos, consultores e encarregados de pessoal. Mesmo aqueles que recebem baixos salários da censuradíssima ofensiva de prestação de serviços, seja o caixa no supermercado, o telefonista na central de atendimento ou os vendedores das grandes cadeias de *fast-food*, todos eles têm a possibilidade de se deixar envolver pelo *work flow* criativo.

Tudo não passa de uma questão de "sintonização interna", de atitude consciente: "Mesmo a ocupação mais banal e despretensiosa pode elevar a nossa qualidade de vida, em vez de estreitá-la, quando nos aproximamos dela sem muitos preconceitos de ordem cultural e decidimos estruturá-la de tal modo que, para nós, pessoalmente, ela tem um sentido", enfatiza Mihaly Csikszentmihalyi.

Quem tem problemas com isso pode lançar mão do astuto truque de Vera Birkenbihl e zombar do próprio freio de prazer: esconder-se em um lugar ermo, como o banheiro, repuxar o rosto em uma careta irônica e esperar até que o corpo suponha erroneamente que existe de fato um motivo agradável para se alegrar e, por conseguinte, disponibilize os próprios hormônios de felicidade do corpo.

A distância em relação ao que se faz e os pensamentos como aqueles que – diferentemente do que ocorre com a maioria dos artistas e pensadores geniais – não configuram os interesses pessoais e as metas que são perseguidos com o trabalho não são úteis para o *flow* e devem ser eliminados, pois apenas dificultam a chance de aceitar inteiramente o trabalho como realização. O trabalhador deveria ficar agradecido por não ter de se incomodar durante o lazer com a busca de auto-realização, de prazer no desempenho e de momentos plenos de felicidade, e sim poder dedicar-se completamente a um trabalho livre da humilhação do sacrifício.

JOGO SEM LIMITES

Subtraído pela sua necessidade econômica para o indivíduo e para as metas empresariais, o trabalho se torna jogo. Ele promete sucesso, vivências e entusiasmo. Na verdade, de certo ponto de vista, que vê no trabalho uma forma de jogo, não haveria nada para se criticar. Tanto no trabalho quanto no jogo, assumem-se papéis, colocam-se exigências, solucionam-se problemas e persegue-se um fim. O trabalho, tal como o jogo, vive de regras que têm de ser seguidas por todos os jogadores. "Não se percebe que o trabalho tem um caráter de jogo, de diversão, muito mais acentuado do que a maioria das outras atividades (...). Quanto mais um trabalho se assemelha a um jogo – com variações, desafios proporcionais, metas claras e um *feedback* imediato –, tanto mais prazeroso ele é", escreve Johan Huizinga, que explicou o denominado "*Homo ludens*" e o seu prazer no jogo. Ao mesmo tempo, todo jogo pressupõe que o jogador esteja ciente de que está "jogando" e, desse modo, que há regras, modos de comportamento e motivos que, fora do jogo, não têm ou só têm validade limitada: a própria criança já sabe que ela apenas "faz de conta", de que tudo "não passa de uma brincadeira". Em outras palavras: somente a separação entre o jogo e o mundo efetivo e real torna possível que o jogo se torne jogo.

Exatamente nessa separação, no limite entre a forma de jogo que é o trabalho e a vida normal é que se provocam os grandes abalos. O trabalho disponibilizado pelo moderno mundo do trabalho não se contenta por muito mais tempo em ser "tão-somente trabalho". A organização empresarial moderna, com sua escassez de regras, obrigações e limites e seus apelos à independência e à auto-responsabilidade vem exatamente ao encontro disso: o trabalho deve fornecer de uma vez ao funcionário tudo aquilo que ele anteriormente precisou procurar com esforço na vida normal: prazer, satisfação, auto-realização. O trabalho se torna um jogo prescrito, do qual a coerção extrai simultaneamente o seu princípio brincalhão: o jogo se torna coisa séria, a diversão se torna pressão.

Para sair da tirania decretada e voltar ao "jogo" honesto no sentido clássico da palavra, o trabalho necessita de regras obrigatórias, formas, rituais e objetivos e de um modo de jogar limitado, que o separa e diferencia da vida normal. Para tanto, é necessário que ele se restrinja ao que pode realmente fornecer. Prazer, diversão e momentos de felicidade, produzidos em série, de modo algum fazem parte do seu programa.

Sem dúvida, o trabalho pode instituir sentido, pode ser fonte de dedicação e de interesse, de satisfação e de auto-realização, e não deve haver quem não deseje que o próprio trabalho inclua tudo isso. A exigência de prazer no trabalho é sensata e um princípio que soa humano, mas – o que em geral não é levado em conta – grande parte dos trabalhos que prestam esse benefício não estão de modo algum em condições de cumprir essa exigência, menos ainda de garanti-la.

O mesmo se dá com o jogo. Aquele que alguma vez foi forçado por um círculo social a se declarar disposto a jogar, somente para não ser visto como um desmancha-prazeres, se recordará dos momentos enfadonhos e pouco prazerosos, para não se falar do esforço em não deixar transparecer o desprazer. ("Está vendo, você também está se divertindo!")

O funcionário encontra-se atualmente em uma situação desagradável semelhante: quem não tem prazer permanente no seu trabalho ou considera-o uma obrigação incômoda ou um sacrifício é visto como digno de compaixão e chamado para refletir sobre si e suas idéias acerca do trabalho. É exortado a buscar os motivos: Está em mim? É o trabalho? Está me faltando o desafio? Será que eu teria mais prazer em outra empresa? Por que será que o colega X sempre se lança ao trabalho de bom humor e esbanjando alegria?

Não sentir prazer no trabalho, manter uma distância em relação a ele, não esperar premeditadamente nada da atividade que lhe foi destinada, tudo é visto como "anormal".

Aquele que com freqüência ouve dizer que só o trabalho que permite esquecer o mundo ao redor e propicia prazer é um bom trabalho cedo ou tarde sairá à sua procura.

Serão poucos os que irão encontrá-lo. As razões para isso acham-se no próprio trabalho: este e o prazer são duas coisas completamente diversas. Prazer é prazer, e todo empresário age corretamente ao deixar aos seus empregados tempo suficiente para terem prazer na ocasião certa, ou seja, nas horas de lazer. E trabalho é trabalho. Trata-se aqui de aplicação, perseverança, disciplina e produção, coisas que não exigem necessariamente prazer e, em geral, até mesmo evitam-no e o excluem. Assim, o prazer não pode ser nem critério, nem vara de medição para os bons desempenhos e os resultados qualitativos de alto valor. "O prazer não é uma característica central de processos de trabalho", aponta Stefan Kühl, sociólogo organizacional, em uma entrevista da revista *brand eins*, e ninguém que já tenha trabalhado na vida, por mais variado e exigente que o trabalho tenha sido, irá contradizê-lo. Prazer, momentos de felicidade e a auto-satisfação não passam de um efeito secundário agradável, que às vezes se apresenta. Eles tornam o trabalho mais suportável e aumentam o interesse. Mas nada além disso.

Prometer o prazer como característica essencial do trabalho tem conseqüências profundas: todo empresário que o faz cultiva pretensões, desejos e necessidades que não poderá satisfazer e que cedo ou tarde colidem sensivelmente com os interesses econômicos, que ele, enquanto empresário, deve observar.

CHEGA DE OBA-OBA

Ao observarmos o mundo do lazer, do relaxamento e da diversão, em que o prazer se mostra em boas mãos, percebemos que é mais difícil do que se imagina ter prazer quando se quer. Todos sabem quão penosa se apresenta a aspiração ao prazer. Um lazer prazeroso e rico em experiências exige grandes gastos, bem como boa vontade, e isso também está longe de ser uma garantia de que a experiência encenada com esforço irá cumprir aquilo que promete. Se, apesar de todos os gastos, a satisfação não se cumprir, não raro as coisas começam a retroceder. Instaura-se a decepção.

Aquilo que já se apresenta complicado no lazer, certamente não pode ir bem no dia-a-dia do trabalho. Afinal, o prazer não é nenhuma grandeza racional como o desempenho ou a perseverança, mas um sentimento subjetivo. Quem o solicita, deseja despertar em si mesmo determinado estado, uma sensação, o que não torna as coisas mais fáceis. Gerhard Schulze, professor de sociologia e autor da obra *Erlebnisgesellschaft* [Sociedade de experiências] explica essa questão da seguinte maneira: "Se um carro anda (meta fixada exteriormente), todos podem avaliar; se isso proporciona uma boa sensação de viagem (meta fixada interiormente), é uma questão que cada um deve decidir por si mesmo." Se transferirmos esse exemplo para o mundo do trabalho, facilmente poderemos reconhecer em que papel absurdo as empresas se movimentam com a sua crença de prazer. Na qualidade de *entertainer*, torna-se sua obrigação dispor e arranjar as condições de trabalho e os conteúdos, de modo que proporcione prazer ao funcionário; todavia, tais condições e conteúdos constantemente se expõem ao perigo de não cumprir esse objetivo.

Em vez de esbanjar o seu tempo com a produção dificilmente calculável de circunstâncias e conteúdos de trabalho que, tanto quanto possível, proporcionam algum prazer, o empresário faz bem em não insistir nas exigências sérias e que destroem qualquer perspectiva de prazer no trabalho. Portanto, deve criar regras de jogo e definir expectativas, tarefas e metas que valham unicamente para o próprio trabalho. Isso também significa dar a todo funcionário a possibilidade de deixar o jogo e poder buscar na memória a lembrança de que é "tão-somente uma ocupação" e "apenas um jogo". Em vez de cobrar "prazer no trabalho" e defini-lo como pressuposto inevitável para o desempenho de alto valor, tal como ocorre hoje com freqüência, quando o recurso humano se desloca para o ponto central, seria preciso deixar por conta do próprio empregado encontrar ou não prazer no trabalho.

Viver no escritório, trabalhar em casa

Trabalho é trabalho; diversão é diversão...

Work-Life-Balance: vale a pena combinar as alternativas

O deslocamento das fronteiras entre lazer e trabalho à custa do lazer não passou despercebido à grande maioria dos empresários. Multiplicaram-se as queixas dos funcionários quanto ao excesso de trabalho e a pouca compensação; o desejo de descanso começou a se manifestar com mais freqüência e, nas escassas horas livres, muitos ainda mal conseguiam arrastar camisas e blusas para a lavanderia, passar os olhos na correspondência, abastecer a geladeira e se informar sobre o animal de estimação dos seus filhos. O recurso humano, do qual esta economia científica tem hoje tanta necessidade, comparado com as máquinas e os produtos da sociedade industrial dos séculos passados, mostra-se muito sensível e assim vai se impondo o ponto de vista de que uma vida particular satisfatória, em última instância, certamente traz benefícios para a produtividade. Repetidas vezes, estudos conclusivos mostraram claramente para as empresas que o "capital humano" precisa de tempo, distração e descanso para ser produtivo e capaz de apresentar rendimento.

Nos últimos anos, um ou outro chefe teve de lidar cada vez mais freqüentemente com funcionários mental e fisicamente abalados, com baixa produtividade e que cedo ou tarde abandonariam o trabalho. Mas, em vez de procurarem um centro de terapia exclusivo para vítimas do *burn-out* ou de buscarem os cuidados de uma clínica psicossomática, o seu caminho cada vez mais terminava diante das portas de uma daquelas empresas que, além do trabalho em si, prometem descanso e compensação. Quando chega a esse ponto, a empresa também percebe a atualidade do tema e, não raras vezes, de uma hora para a outra classifica-o como assunto de chefia: a partir de hoje se fará tudo para que o funcionário se sinta bem; aliás, é impossível que, em razão de tanto trabalho, não sobre tempo para a vida.

Uma maravilha, poderíamos pensar, um excelente princípio: a ponderação correta voltaria finalmente a se preocupar com a separação, há muito ultrapassada, entre trabalho e lazer, seriedade e prazer, concentração orientada para uma meta e o *dolce far niente*. No entanto, quem se mostrar precipitadamente confiante sobre esse ponto se decepcionará. Pois, mesmo que o problema seja conhecido, os meios empregados para solucioná-lo e os caminhos escolhidos apontam para outra direção, diferente da imaginada. Em vez de uma separação cuidadosa, o lema é: mesclar. Também já se encontrou um nome para esse programa, que propõe o equilíbrio entre a vida privada e as exigências do trabalho: *work-life-balance*. Quem acha o termo muito extenso fala com toda superioridade de "WLB".

Atrás disso há o seguinte raciocínio: cada vez mais funcionários estariam sendo esfalfados e triturados entre o trabalho e o lazer. Sobretudo os que possuem família e particularmente as mulheres, que tanto antes quanto agora são, em sua maioria, responsáveis pela organização familiar e, por conseguinte, precisam dispor de tempo livre suficiente para coordenarem, tão bem quanto possível, a profissão e a vida particular. O que não se diz é que essa escassez de tempo livre deve-se ao fato de vida privada e trabalho terem abandonado a chamada "distância de segurança" outrora concedida, que mantinha a separação entre as duas esferas, e que, por isso, elas agora se aproximam cada vez mais. A velha barreira entre trabalho e tempo livre caiu, e as fronteiras uma vez estabelecidas tornaram-se permeáveis. Em vez de voltar a separar cuidadosamente os dois âmbitos, apregoa-se sua fusão interior e completa simbiose como a solução de todos os problemas. E, assim, um número cada vez maior de empresas se dá o trabalho de polir os pontos de fricção "esgotados", até que não seja mais possível diferenciar, e menos ainda separar, trabalho e tempo livre: a vida toda é trabalho, e vice-versa.

Um ótimo exemplo do lema "mesclar em vez de separar" encontra-se no livro *Leben macht die Arbeit süß* [A vida torna o trabalho doce], de Sabine Asgodom, recentemente publicado, que traz modelos de vida e de trabalho de pessoas que "não estão mais dispostas a sacrificar a vida pelo trabalho". Em vez da separação tão desumana e terrível do ponto de vista racional, propõe a alegre confraternização entre trabalho e lazer nos seguintes termos: "Talvez possamos solucionar a contradição se deixarmos de separar um do outro: o período de trabalho como escravidão e o lazer como vida, ou seja, se encontrarmos um caminho que os irmane. Quem encontra realização, sentido e vocação em seu trabalho com certeza conseguirá alcançar melhor esse *balance* do que aquele que, após um dia terrível, deseja ao menos 'farejar ou meter o nariz' um pouco na vida." Para que esse valoroso recurso humano não precise "farejar ou meter o nariz" no insosso ar do lazer apenas nas poucas horas do triste cotidiano, um enorme compressor se encarrega de soprar esse ar em grande quantidade nas dependências da empresa, que o recebe efusivamente como brisa fresca.

O TRABALHO TORNA-SE VIDA

Folheando os prospectos de empresas, poderíamos ter a impressão de que são pacotes de prestação de serviços "tudo incluído", *spas* de beleza, parques de diversão e férias animadas: fala-se de bem-estar dos empregados, de uma estada agradável e de muita diversão. Do trabalho propriamente dito, cada vez menos.

O repertório de vivências parece quase infinito e, passando pela comunidade empresarial dos *start-ups* com óculos obrigatórios e sofá do mercado de pulgas na sala de descanso, há muito tempo já entrou nas grandes centrais das empresas. O empresário que quiser ter sucesso perante o concorrente no que se refere à procura e ao vínculo de funcionários terá de gastar muito dinheiro com isso. Mesmo as empresas tradicionais transformam seus balcões de recepção em requintadas cafeterias, recorrem a consultores de *feng shui* e, segundo a sugestão da decoradora de interiores, pintam o antigo *hall* de entrada com um vistoso laranja, a cor da amabilidade.

Personal trainers, médicos naturalistas e massagistas fervilham pelos corredores das empresas. Saunas, espaços de relaxamento, *fitness-center* ou *tai chi* no terraço da cobertura cuidam da recuperação. O cartaz da sala de almoço ("Esta semana: comida típica da Indonésia"), os *croissants* quentinhos e as frutas exóticas no café da manhã, assim como o balcão de *cappuccino* com equipamento original italiano prometem tratamento de bom gosto e alto nível, e até mesmo o *gourmet* é deixado por conta deles. Cuida-se igualmente da organização harmoniosa do dia-a-dia: minilojas que prestam serviços de limpeza, serviços expressos de revelação de filmes, consultores gratuitos de impostos ou filiais de banco nas dependências da empresa prometem encurtar caminhos, reduzir os compromissos cotidianos e aumentar o tempo para as coisas realmente importantes da vida – na melhor das hipóteses, o próprio trabalho. Não se esquecendo do programa de entretenimento: música ao vivo (na guitarra, o chefe, conhecido fã de Eric Clapton), festas de karaokê no estilo *Ballermann**, festejos da firma em Marrakech ou o coro Gospel que chega em vôo fretado não deixam de atender a todos os desejos. E, mesmo nas escassas horas livres disponíveis, ninguém precisa mais renunciar à animação e ao lazer: pode-se optar entre uma excursão, uma ida à ópera ou um fim de semana praticando *snowboard* com os colegas agora transformados em amigos; e quem ir ainda mais longe

* Tipo de festa em que se bebe muito e onde as pessoas acabam não se comportando muito bem. Origina-se do espanhol *balnearios*, ou seja, bares nas praias de Maiorca, que costumam ser freqüentados pelos alemães nas férias. Como após algumas bebidas os alemães não conseguem pronunciar corretamente o termo espanhol, o mais próximo em sua língua é *Ballermann*, que acabou por denominar esse tipo de festa ou reunião descontraída. [N. da T.]

viaja para um *spa* em Maiorca – certamente nas próprias fazendas da empresa. Durante a semana vai-se ao restaurante japonês para "socializar" e, uma vez que a separação é tão difícil, segue-se no fim da tarde para a *happy hour*. Aqui se está entre os iguais, de modo que o penoso problema sobre o tema da conversa também já estaria resolvido. Apesar do programa fechado, sem pausas, quem ainda tivesse tempo sobrando poderia aproveitá-lo para se "reciclar", optando entre uma grande variedade de ofertas de cursos de aperfeiçoamento de funcionários ou de treinamentos de motivação pessoal, ou, pensando no trabalho em grupo, fazer escaladas ou submeter-se a cursos de sobrevivência na selva.

A VIDA TORNA-SE TRABALHO

O mundo do trabalho moderno procura, desse modo, resolver os problemas que ele próprio criou. Em outras palavras: as empresas reconhecem que são culpadas pelas feridas que provocam – muito pouco descanso, variação e compensação – e prometem melhorias. Elas prometem a cura e, ao mesmo tempo, se livram da necessidade de discutir criticamente a concepção de trabalho que propagam ou o fato de que precisam mudar alguma coisa. Assim, de imediato, medicam-se os sintomas, na esperança de que desapareçam com rapidez e o funcionário recém-curado possa voltar logo ao trabalho. Em geral, desse tipo de limitação de danos não sobra quase nada. Pois também para o mundo do trabalho valem os mesmos princípios, eficazes na medicina, na ecologia ou nas parcerias: ou se buscam as causas e se modificam as condições, ou simplesmente se mascaram os sintomas.

O primeiro passo em direção à melhoria das empresas consistiria em deixar de lado a crença absurda de que a "pacificação" entre trabalho e lazer resolveria isso. Em vez do esforço desesperado para conciliar trabalho e lazer, deveria prevalecer o bom senso de que se trata de dois setores distintos da vida. Nada há de condenável nisso. Trabalho e vida nem se evitam, nem são inimigos, e assim também não há nenhum motivo plausível para forçar sua conciliação. Trabalho e vida são, antes de tudo, antagônicos, mas se completam e emprestam contorno um ao outro. Um é que torna o outro possível, interessante e sedutor. Sem trabalho não há lazer; sem lazer, não há trabalho.

Portanto, quando a sra. Asgodom escreve que trabalho custa energia e que, "exatamente por isso", é preciso "aproveitar", então, tanto antes quanto depois do trabalho, a vida praticamente desaparece.

Mas há uma vida antes e uma depois do trabalho, e seu sentido e finalidade não consistem em preparar o indivíduo para executar mais trabalho. Assim, para se encontrar o balanceamento correto entre trabalho e vida particular, é preciso separá-los um do outro e dosá-los de modo correto. É preciso reabilitar a vida particular como contrapeso para o trabalho. No entanto, é difícil alcançar uma relação equilibrada entre trabalho e vida, uma vez que, generosamente, se coloca também a vida no prato da balança do trabalho.

Embora as empresas tenham se humanizado, tornando-se mais próximas da vida, não há motivo para entregar a elas a assistência maternalista de seus funcionários e o planejamento precavido da vida que eles costumam levar: "Não se pode delegar à empresa uma tarefa humana tão fundamental quanto a de definir que tipo de vida se quer levar", escreve a economista, psicoterapeuta e consultora suíça Betty Zucker, que ainda pergunta: "Atrás do belo pensamento do *work-life-balance*, esconde-se a pretensão da empresa de definir tudo na grande obra da vida, inclusive a geléia do pão no café da manhã?"

O trabalho, travestido de vida, se revela um poder com uma pretensão totalitária: ele exige a autonomia e a responsabilidade do indivíduo no seu trabalho e, ao mesmo tempo, castra sua independência na vida privada. Não é mais o trabalho que é delegado ao trabalhador e recebido em porções adequadas, e sim o lazer.

As partes da vida particular que ainda não foram embargadas pela empresa – esta máquina de sustento – só podem participar dela com grande dificuldade. Destituída de sua tarefa de compensação, sobram para a esfera privada apenas as tarefas maçantes, os deveres cotidianos e a rotina monótona, anteriormente atribuídos ao trabalho. Hans J. Pongratz e G. Günther Voß, no ensaio *Der Arbeitskraftunternehmer* [O empreiteiro de mão-de-obra], afirmam que "a gerência da vida está assumindo um perfil empresarial" ao tornar "potencialmente acessível toda a coerência vital da força de trabalho para a exploração empresarial". E complementam com um olhar sobre a análise de um programa *work-life-balance*, de Arlie Hochschild: "Especialmente os pais que trabalham têm muitas vezes a impressão de que a organização da vida familiar é uma tarefa muito dura, a tal ponto que eles procuram estruturá-la de modo racional e de uma forma quase industrial." A vida particular é trespassada pela administração e, a partir de então, apreendida segundo critérios racionais e econômicos. O compromisso se torna termo; as festas de família passam a ser gerenciadas e despacham-se os amigos do mesmo modo que se faz com os clientes inconvenientes.

O conceito de "empresário da vida" como noção coletiva para "as pessoas que, como empresários, se sentem responsáveis por suas próprias vidas", tal como Christian Lutz descreve em sua obra *Leben und Arbeit in Zukunft* [Vida e trabalho no futuro], mostra-se aqui a partir do seu reverso. Trabalho e vida trocam os papéis e desse modo deturpam o meio e o fim: quanto mais o trabalho for um motivo para a vida, tanto mais a vida se torna trabalho. "Aquilo que antes só valia para as pessoas que desejavam chegar ao topo aplica-se hoje também aos quadros menos qualificados (...). Para essas pessoas o escritório é o verdadeiro lar e este passa a ser o lugar de trabalho. No espaço de trabalho socialmente estilizado, a atmosfera agradável e as recompensas atraem; em casa, só as aguardam brigas, tensões e sentimentos de culpa", escreve Arlie Hochschild em *The Time Bind* [O tempo amarrado].

Trabalho é trabalho

Não cabe aos chefes e empresários manter o ritmo de trabalho de seus funcionários recorrendo à animação, à descontração e ao entretenimento. Fora dos muros da empresa há um número suficientemente expressivo de massagistas, saunas, bares de karaokê e animadores que se dedicam à descontração ou à distração. Eles desempenham bem o seu trabalho e ganham para isso.

Em algum momento, o barista italiano da sala de café, o gerente de projetos suado como o vizinho na sauna e o torneio de futebol com os colegas malhados na academia de ginástica nas dependências da empresa não compensam mais o fim de semana comum há muito almejado com os amigos ou com a família, e sem programas. Se o tempo livre e a distração devem constar indiscutivelmente do programa, então, por favor, que seja onde fazem sentido e são necessários. Em vez de assediar seus funcionários com ofertas de descanso, as empresas deveriam dedicar sua solicitude primeiro aos filhos de seus funcionários, e isso durante o dia todo e com um programa gratuito variado e sem pausas. Desse modo se prestaria sobretudo à maioria das mães um auxílio muito mais significativo do que o proporcionado pela reflexologia semanal ou pelo cardápio variado da sala de refeições da empresa.

No que diz respeito aos funcionários, pode-se partir sem receio do ponto de vista de que a maioria deles já possuía uma vida antes de entrar na empresa, de que dispõe até de um círculo de amigos respeitável ou de uma família completa e conta com todo o afeto e as diversões de que necessita. Todo empresário que confia em seus funcionários deveria também confiar que eles podem cuidar das experiências de suas vidas, da redução das tensões e da variação. E para isso eles também têm de progredir. Pois as festas conjuntas de karaokê, o curso de ioga, o torneio de futebol e o bate-papo na sala de café têm uma coisa em comum: demandam tempo e, além disso, sempre há alguém que gostaria de passar mais tempo fora do mundo restrito da empresa.

Desse modo também se ajuda o empresário: quem concede a seus empregados tempo suficiente para a vida privada e deixa que eles cuidem do lazer e da compensação necessários pode enfim voltar a cobrar deles – com a consciência tranqüila e sem contorcionismos pudicos – aquilo para que foram contratados, ou seja, que cumpram suas tarefas e apresentem o desempenho exigido.

Esfera íntima do escritório

Quem tem colegas não precisa de inimigos.

Das salas de reunião, dos departamentos de seguro e dos *lofts* de agências emana um clima impregnado de intimidade. O tom é amigável, a forma de tratamento, pessoal. Aí, onde dia após dia se trabalha lado a lado com outras pessoas, há muito tempo o "você" já tomou o lugar do "senhor". De início as pessoas ainda eventualmente utilizam a forma de tratamento mais formal; no entanto, após alguns encontros profissionais, a informalidade do "você" se impõe. Nas empresas Ikea, SAP, Hennes & Mauritz ou Nokia nem mesmo se chega a esse ponto. Aqui, desde o primeiro dia, todos se tratam por "você", tal como determinado pelos superiores.

As perguntas sobre como vão a esposa e as crianças ou a indagação discreta sobre a situação geral há muito já deixaram de ser floreios de linguagem estabelecidos para as relações formais na vida profissional. Hoje se exigem respostas sinceras, personalidade. Todo o resto não é autêntico, é tão-somente fachada. Esta não interessa mais, pois o que se busca é o homem total e não mais uma mão-de-obra permutável. Já foram os tempos em que as empresas eram máquinas anônimas e frias, a vida privada tinha de ser deixada no *hall* de entrada, os nomes dos colegas sequer eram conhecidos e a troca de idéias pessoais se limitava à festa de confraternização anual da empresa. Hoje isso já não ocorre. As pessoas se conhecem, se entendem, se aproximam umas das outras. O profissional mistura-se com o privado, o privado torna-se profissional. Na rodada de cerveja no bar, o bate-papo sobre o trabalho estende-se por horas a fio e no escritório contam-se as anedotas do bar.

O escritório humanizado iniciou sua marcha triunfal. O pessoal e o humano, que originariamente tinham seu lugar entre as próprias quatro paredes, nas relações pessoais e no lazer, tornam-se o passaporte de uma cultura empresarial louvada: "Modos de comportamento e indagações impessoais não despertam grandes paixões; só o fazem quando as pessoas lidam com eles de maneira falsa, como se se tratasse de algo pessoal. O problema de se tornar algo público gera outro problema no âmbito da vida privada. O mundo dos sentimentos perde todas as fronteiras; ele não é mais limitado por um mundo público, que representaria uma espécie de contrapeso para a intimidade." O clima íntimo de muitas empresas é um excelente exemplo do desaparecimento das fronteiras entre privado e público, descrito por Richard Sennett no livro *Tyrannei der Intimität* [Tirania da intimidade]. O cotidiano do trabalho, originalmente como orientação do mundo da vida pública e como contramundo do privado, desapareceu pouco a pouco no lamaçal de pontos de vista íntimos e pessoais.

Num dia de trabalho, num lugar qualquer entre a roda de amigos, a preocupação consigo mesmo e a auto-informação, o funcionário passa por muitas descobertas. Quer queira, quer não: ele conhece os problemas físicos de seu colega e sabe por que todas as manhãs este se senta sobre uma almofada de água feita sob medida na loja de material ortopédico. Ele sabe da pequena irritabilidade da colega nas fases de lua crescente e também está a par dos problemas de alcoolismo do encarregado de pessoal. A qualquer momento e sem hesitar, ele poderia comprometer no mínimo cinco colegas que, no almoço da agência, na *happy hour* ou na festa de Natal, deram uma escorregadela e se aproximaram um pouco mais. Ele conhece até inúmeros detalhes sexuais bastante delicados. Viu o jovem gerente aos prantos durante o treinamento de sobrevivência na selva, quando este foi obrigado a se equilibrar sobre um tronco de árvore, e pelo tom da voz pode reconhecer quando seu colega está falando com a mulher ao telefone. Conhece a predileção que o instável técnico de informática tem por *websites* eróticos e, com razão, tem um pressentimento ruim quando seu superior recebe livros com títulos como *Kündigen mit Stil* [Demitir com estilo].

Nos corredores das empresas, nas *business units* [unidades de negócios] e nos *profitcenters* [centros de lucros], as relações ficaram próximas e privadas, e é raro encontrar rotas de fuga. Quem se recusa a participar da ida semanal com os colegas ao restaurante japonês, quem mantém reservas em face do desenvolvimento espontâneo de novas visões na sala de café, quem passa a hora de almoço sozinho no banco da praça em vez de ir ao restaurante italiano, ali virando a esquina, e se despede da roda de amigos sem provar o champanhe oferecido pelo colega que acaba de ser pai, cedo ou tarde perderá o vínculo com o grupo. Não poderá mais participar de uma conversa, a não ser com perguntas relacionadas com o próprio trabalho, mas esse é um assunto que em geral só é tratado à margem.

Em resumo: quem só se preocupa com questões profissionais e, além disso, acha que não precisa se apresentar também como indivíduo, não tarda a ganhar a fama de desmancha-prazeres frio, sem nunca ter sido pouco amável ou pouco gentil. Se ninguém sabe nada sobre sua vida privada, não demora a ser visto como suspeito e esquisito: "Não sei absolutamente nada sobre ele, nunca conta nada sobre si mesmo, também nunca está com a gente." Os colegas ainda lhe perguntarão algumas vezes se deseja participar das reuniões coletivas fora dos horários de trabalho, e tentarão arrancar alguns detalhes de sua vida privada. Cedo ou tarde, porém, será declarado um caso sem esperanças, tachado como um parceiro de conversa desinteressante e simplesmente deixado de lado.

O tom que se alterou nos dias de hoje em muitas empresas assumiu uma nota pessoal e curiosamente suave. A linguagem econômica dura e desumana foi posta de lado e carregada com uma mistura bizarra de esoterismo e de seminário psicológico: busca-se o diálogo estimulante, solicita-se um *feedback* aberto e construtivo e defende-se o procedimento de integração. Em vez de cumprir planos, realizam-se estratégias idealizadas, esclarecem-se disputas desagradáveis e discórdias administrando diretamente o conflito ou tirando-as do caminho via psicodrama. Desse modo, quem ocupa um cargo de chefia não é mais *boss* e chefe, mas se apresenta em seu novo papel como *couch* e mediador de apoio, *leader* motivador e mentor. É apenas mera questão de tempo até que uma confecção de roupas masculinas alemã perceba esse *trend* e, em vez de ostentar um *BOSS* pouco cordial no forro interno do paletó, o substitua por um politicamente correto *COUCH*.

O PRINCÍPIO DENVER-CLAN

Os velhos símbolos de *status*, as encenações de poder e os rituais sobreviveram, mas seu sentido volatizou-se mais e mais. Estruturas claras e obrigatoriedades, como, por exemplo, as hierarquias que prescrevem como entrar em contato uns com os outros e informam quem é quem se rompem. Se o chefe abre mão da própria sala dotada de ante-sala e passa a compartilhar a sala comum, se permite que os estagiários o tratem por "você" e se o projetista possui um carro mais vistoso que o do seu superior, é bem difícil dizer qual comportamento é "apropriado" diante de quem.

O que resta é um vácuo, preenchido ininterruptamente com pontos de vista e maneiras pessoais. O clima humano é exibido como um troféu e enfim expulsou o mundo do trabalho frio, racional e impessoal dos corredores das empresas, mostrando a todos como é possível trabalhar conjuntamente com menos tensão.

A empresa corre o risco de degenerar em uma espécie de moradia comunitária, na qual opiniões pessoais com metas de projeto e anedotas privadas se confundem com conteúdos de trabalho. Se a "química dá certo", se há uma boa "relação pessoal" de um com o outro e "se se tem a mesma mentalidade", a comunicação ocorre de forma natural. Ela se dá livremente: cada qual expressa aquilo que passa por sua cabeça no momento e às vezes, é claro, o faz ao mesmo tempo que os outros. O velho ditado "silêncio vale ouro" já não vale mais. As mal-afamadas *soft skills* como força de contato e prazer de comunicação fazem mais do que o necessário. Assim, um estudo do Instituto para a Ciência do Trabalho, na Universidade de Kassel, mostrou que as capacidades sociais muito exigidas têm às vezes efeitos negativos sobre o desenvolvimento da competência de trabalhadores. Há o perigo de que grupos excessivamente animados do ponto de vista social e comunicativo degenerem em uma espécie de "reunião de fofocas" e "mesa de roda de amigos", nas quais "com excessivo escutar ativo, assentimento com a cabeça, concordância, animação pessoal e reconhecimento mútuo, o tema seja discutido apenas de passagem de modo empático e cheio de compreensão". Para o prof. Oswald Neuberger, da Universidade de Augsburg, a negligente cultura da intimidade é "meio para um fim, pois se reconheceu que os empregados que se sentem bem no trabalho produzem mais. Isso se compara à tese de que 'vacas felizes produzem mais leite'".

Desse modo, é inútil se ocupar com um clima harmonioso para garantir o acúmulo harmonioso de processos interpessoais. Resistências, atritos e conflitos brotam naturalmente de toda forma de trabalho conjunto concentrado e da desigualdade entre empresários e empregados, que existe tanto agora quanto antes. Daí provêm os inegáveis transtornos que influenciam o processo de trabalho e a qualidade dos rendimentos e que todo empresário adoraria eliminar, caso tivesse a oportunidade. Fundamentar o trabalho conjunto num clima de trabalho de coloração privada mostra-se muitas vezes excessivamente vacilante: em primeiro lugar, para proteger a disposição harmoniosa do espírito, não se levam em conta a crítica e os conflitos. O consultor empresarial Klaus Grefe fala de uma "cultura da intimidade superficial, na qual ninguém mais gosta de dizer as coisas desagradáveis". No entanto, quando não for mais possível evitar os conflitos e os ânimos despencarem, já não será mais possível perceber muito do idílio que se idealizou. Ainda assim, o tom permanece privado e mesmo agora ninguém expressa claramente a própria opinião. O que antes ficava restrito às quatro paredes agora se manifesta também na profissão. Ali está todo o leque de dificuldades da convivência na vida privada: os desabafos dramáticos, as futilidades doentias, a confiança abusiva, o apadrinhamento e as intrigas. Para tanto vale o seguinte: quanto mais privado é o clima, maior é o campo de ataque, às vezes até abaixo da linha da cintura. Mesmo o *management* de conflitos chamado às pressas já não tem mais muito a fazer aí.

A culpa de tais "estragos" está na falta de normas obrigatórias, que fornecem uma orientação e que estabelecem como se deve lidar um com o outro. Em muitas empresas, as formas de comportamento formais e os rituais são vistos como ultrapassados e condenados com muita rapidez como antiquados ou então recusados com ares de superioridade como limitação da personalidade.

Richard Sennett escreve: "As formas de autenticidade eliminam a diferença entre público e privado. A idéia de que a essência da natureza humana consistiria em não manifestar os sentimentos que poderiam prejudicar outra pessoa e de que o autocontrole e a discrição poderiam ser moralmente expressivos, perde o seu sentido sob a supremacia da autenticidade. Em vez disso, a auto-revelação torna-se uma medida universal de credibilidade e verdade."

A idéia de chegar a uma relação construtiva um com o outro, silenciando o pessoal, nem sequer é ponderada, embora esteja tão próxima. Tal como Stefan Kühl mostrou, uma empresa – e aqui ela se diferencia de um círculo de amigos e da família – não depende dos "sentimentos verdadeiros" dos funcionários. Ela dispõe de outros mecanismos de integração estrutural e organizacional, que a libertam do pessoal e permitem renunciar a isso. Se, em casa, no bar ou durante as férias conjuntas como indíviduo, alguém é lacônico, passa uma impressão de desânimo e não contribui muito para o entretenimento e o bem-estar dos seus próximos, em pouco tempo se tornará pouco querido, pois seu comportamento está em desacordo com o objetivo – a convivência social. Numa empresa isso ocorre de modo diverso, já que, por meio de estruturas, regras e formas de trato, sobra pouco espaço para a disseminação dessas características e capacidades.

Em vez de explicar o cotidiano do trabalho como tabuleiro de capacidades individuais ou carências, é preciso protegê-lo continuamente destas. "Após a supressão de convenções incômodas e 'antiquadas' e de rituais, não aprendemos a determinar propriamente os limites em relação ao outro e a estabelecer os nossos próprios limites. Nós os ultrapassamos levianamente e sempre voltamos a nos machucar, pois os outros se aproximaram muito", escreve Claus Leggewie em *Regelwerke für einen zivilisierten Umgang* [Conjunto de regras para uma convivência civilizada], e completa: "Numa 'sociedade comunicativa' certamente se deve, em primeiro lugar, encontrar novamente regras para se conversar. Nenhum *talk show*, mas tampouco um seminário mediano em uma universidade alemã, em que se utiliza o conceito de discurso de modo inflacionário, constitui uma amostra dessa relação com regras comunicativas."

Nem o empresário nem o trabalhador precisam ser chamados a desenterrar seus recursos emocionais e explorá-los até o fim em benefício da empresa. Entre bom e mau, distanciado e próximo, humano e impessoal – ou até mesmo desumano –, continua a existir o neutro, por assim dizer, o valor zero: as relações padronizadas, a amabilidade distanciada e a troca específica profissional, em que se limita o convívio durante o expediente. Um código de comportamento obrigatório que permite manter uma distância segura que não obrigue a revelar toda a sua pessoa impede tanto o estardalhaço dinâmico quanto os caprichos ditatoriais.

O temor de que as formas de comunicação obrigatórias poderiam cercear e padronizar os conteúdos é infundado, uma vez que não se trata nem de amor-próprio nem de disciplina, e é preciso distinguir claramente entre a forma e o conteúdo de uma declaração. Mesmo que educada e incisivamente seja convidado a expressar suas idéias e pensamentos inadequados, o funcionário continua a ter o mesmo espaço que tinha antes. Não se trata de repreender o funcionário e cercear a sua personalidade.

FINALMENTE, TUDO NÃO PASSA DE FACHADA

Mesmo que o ser humano espontaneamente faça do trabalho o seu fundamento, isso ainda está longe de ser um motivo para exigir que ele se entregue totalmente com todos os seus pontos fortes e fracos, sua história pessoal e suas preferências particulares. A empresa só precisa de seu conhecimento especial e de seu talento. O particular e o pessoal só interessam quando são relevantes para a qualidade da produção. Em outras palavras: é exatamente o valor crescente da posição do funcionário como portador de saber e fornecedor de idéias e a necessidade dessa maneira crescente de comunicação e de trabalho conjunto que tornam premente a exclusão do privado. É tão-somente isso que vai oferecer ao empregado espaços neutros de proteção, que lhe permitirão voltar atrás e criar uma outra perspectiva da empresa, bem como definir o seu próprio papel nesta, favorecendo assim um ponto de vista distanciado e razoável.

O mundo do trabalho precisa voltar a mostrar claramente a face de um contramundo e desenvolver seus próprios rituais e formas de trato social. Isso significa não apenas separar, tanto quanto possível temporal e espacialmente, as esferas trabalho e vida particular, mas também diferenciar estritamente o comportamento revelado em ambas. Gestos, temas e exigências que fazem parte do mundo fora da empresa não pertencem ao mundo do trabalho. Ali se trata de garantir a estrutura e de desenvolver formas próprias de convivência, que não são emprestadas do mundo íntimo, privado e confidencial. Aqui o modelo de trabalho assume a forma de jogo. Ele não só permite a nítida separação entre o papel profissional e a pessoa em si, mas a exige decididamente. É a separação entre papel desempenhado e "pessoa em si", que se é e se continua a ser fora do jogo, que permite com freqüência a profissionalização: o amável caixa ou projetista desempenha o papel de amável caixa ou projetista mesmo que na noite anterior praticamente não tenha dormido ou que sua mulher o tenha deixado. Quando se justifica o trabalho como jogo e se assume o papel que lhe foi destinado pode-se ter certa indiferença em relação ao que se faz. Liberto do mito da autenticidade, o funcionário não está mais obrigado a se questionar com freqüência: Sou realmente assim? Estou sendo autêntico ao manter a amabilidade e a cordialidade, embora eu esteja de péssimo humor?

Só a distância em relação ao papel profissional que se desempenha – e é para esse envolvimento que se é pago – é que permite não se entender de imediato tudo como uma ofensa "pessoal". Assim, fecha-se a torneira do escritório humanizado ao se cassar os seus fundamentos. Uma vez que o ideal do cotidiano de trabalho pessoal e amistoso nem sequer chega a ser propagado, o tema também não avança em direção à pergunta pelo sentido. O fato de o clima de trabalho não estar em ordem dificilmente levará um funcionário a perder a crença no trabalho. Simplesmente porque isso não o comove. Em vez de se ocupar com um clima de trabalho de coloração privada, é preciso preservar a distância e as estruturas. Tanto os funcionários quanto os superiores têm de se dar conta dos papéis que lhes foram conferidos. Eles podem acomodar suas personalidades completamente em seus papéis. Contudo, é preciso desconfiar da aspiração a uma harmonia, se possível elevada, entre o indivíduo e o papel profissional com a pessoa. Ter coragem para assumir as próprias dificuldades e diferenças é algo desejável.

Nem toda repreensão e crítica especializada constituem também uma ameaça para o funcionário enquanto pessoa, e é mais fácil suportar clientes mal-humorados ao telefone ou um chefe excêntrico quando se pode pensar, outra vez, que se trata só de um trabalho. Assim, de vez em quando, pode-se muito bem falar mal do chefe, queixar-se dos clientes ou não conseguir aturar um colega, sem por isso passar a ser visto como encrenqueiro ou vir a ser acusado de deslealdade. Isso simplesmente é pertinente. Os psicólogos denominam-no psico-higiene, que quer dizer que as agressões represadas, a raiva e a fúria, precisam ser desobstruídas de tempos em tempos, para restabelecer a ordem e a clareza no funcionamento anímico. Ao mesmo tempo, a inveja, as intrigas e as ofensas pessoais dificultam as formas obrigatórias das relações. Elas obrigam a um mínimo de justiça e respeito ao impedir os caprichos e as motivações pessoais.

O resultado de uma pesquisa feita com os leitores do *Handelsblatt* [Jornal de Comércio] também confirma esse efeito. Assim, perto de 70% dos empregados e quase 80% dos *managements* que ocupam cargos mais elevados estão convencidos de que a forma de tratamento "você" acaba por criar muita proximidade. Além disso, 60% dos interessados acreditam que quando se emprega "senhor" os conflitos se resolvam mais facilmente. Há alguns anos, o chefe de um dos departamentos de uma loja de modas, que não queria ser tratado por "você", chegou a processar a rede Hennes & Mauritz devido à obrigatoriedade da forma "você" na empresa. O tribunal de trabalho recusou a ação em segunda instância.

No escritório Mair u. a., os chefes e os colegas, por exemplo, são orientados a utilizar durante o trabalho a forma de tratamento formal – senhor, senhora, senhorita – acrescida do sobrenome. Diante de clientes, contudo, esse código de comportamento é obrigatório. O tom das relações é amável, cordial e não muito privado. Durante o expediente usa-se uniforme. Este causa uma impressão geral melhor e deixa para trás as preferências pessoais e os costumes. O vestuário deixa inequivocadamente claro que naquele período as questões giram em torno do trabalho. Com isso, cedo ou tarde, focaliza-se também o que se destacava no cão de Pavlov: o próprio fato de se vestir o uniforme de trabalho torna mais fácil se restringir aos temas profissionais. Em contrapartida, os temas que têm importância no trabalho são proibidos fora do expediente.

QUERO SER COMO VOCÊS

MUDANÇA DE ARES NAS *SOFT SKILLS*

Portanto, a determinação é a seguinte:
o homem precisa aprender alguma coisa.
WILHELM BUSCH

A EU S/A* ILIMITADA

Empresários, economistas, sociólogos e ministros anunciam o fim da presença do empregado; atividades de longo prazo tornam-se raras e em breve serão exceção. Segundo um estudo Delphi, em menos de vinte anos, na melhor das hipóteses, 40% da população ainda estará ativa em uma relação de trabalho fixa. Em seu lugar surgem as relações de trabalho de curto prazo, o teletrabalho, a locação de mão-de-obra, os contratos por tempo determinado, o trabalho de período parcial ou o trabalho para um projeto temporário. Cada um permanecerá em uma empresa apenas o tempo necessário. A ocupação será de acordo com a necessidade. O termo que se aplica a isso é *employalbility* [empregabilidade], quer dizer, é apenas a disponibilidade que decide o caminho profissional. A necessidade concreta e

* Empresa formada por uma única pessoa, que recebe subsídio do governo.

direta do mercado determina a utilidade econômica de uma pessoa e isso não apenas uma única vez, mas sempre.

Em outras palavras: a fase de mudanças profissionais no futuro não se limita mais a uma ou a duas etapas profissionais marcantes, mas passa a ser um estado permanente. A profissão e os patrões serão trocados de bom grado com a mesma freqüência com que se troca de parceiro, de sabão em pó ou de lugar para passar as férias. A América dá o exemplo; ali, ao longo de 40 anos de trabalho, o profissional ativo troca em média onze vezes de emprego e permuta três vezes os seus conhecimentos básicos. O percurso profissional trilhado em linha reta pertence ao passado. Agora ele transcorre transversalmente por ruas de sentido único, de becos sem saída, de rotatórias e desvios, muitas vezes sinalizados precariamente. Ao mesmo tempo, desaparece a certeza sob qual perfil profissional e em qual empresa se encontrará colocação, e mesmo quem encontrou um emprego que corresponde em parte à sua qualificação não pode contar com o fato de que ainda será imprescindível daqui a alguns anos. Em vez da irresponsável atitude "a empresa cuida de você" e de receber uma bela cesta pelo jubileu de ouro de anos de serviços prestados, do planejamento de vida consta que tal funcionário pulou várias vezes de um emprego para outro.

Esse mercado de trabalho livre e espontâneo é o cenário ideal do "homem empreendedor". Aqui ele pode mostrar o que tem de especial e até que ponto está disposto a correr riscos, bem como o quanto é realmente responsável por si mesmo. Assim, ele perambula soberana e autarquicamente bem-disposto no redemoinho do mercado de trabalho, aporta ora aqui, ora acolá em uma empresa como projetista, profissional liberal, empregado temporário ou *freelancer*, colocando à prova suas aptidões empreendedoras como trabalhador autônomo e *self-made man*. Charles Handy, o papa do *management*, refere-se a ele como uma "pulga", perspicaz e hábil, que ainda fará tremer os grandes trustes, os "elefantes". Outros, por sua vez, louvam a multiplicidade e a riqueza de experiências que beneficiam o funcionário, sem falar das múltiplas possibilidades de desenvolvimento e da flexibilidade a isso vinculada. Segurança e rotina já não existem mais. *No risk, no work*, mas em contrapartida uma grande liberdade e chances que estão apenas à espera de que alguém as agarre. "A multiplicidade das aptidões pessoais e das habilidades substitui toda segurança que, até aqui, era atribuída ao emprego fixo", explica-nos Gundula Englisch em seu livro *Jobnomaden* [Nômades de emprego].

A escada de ascensão na carreira, que antes só podia ser galgada degrau a degrau, também está fora do programa. A carreira não leva mais somente para cima, mas transcorre de maneira vertical, transversal, para cima e para baixo. Se não há mais escalada contínua, a queda profissional constitui também uma opção entre tantas outras. No modelo rotativo da carreira vertical, ela se torna uma etapa dentre outras. É preciso contar com fases mais longas de desemprego tanto quanto com a rápida mudança de posições e de salários. A pessoa se transforma. Forma-se, faz cursos de especialização, escorrega aí para dentro, sai voando daí de dentro, desanima, continua e recomeça sempre outra vez. Quando professores da escola fundamental abrem floriculturas, bancários entram no ramo da organização de concertos e assistentes sociais fazem uma reciclagem para se tornar *designers* gráficos, então o aprendizado contínuo torna-se um lema vital obrigatório e um imperativo social. Quem se acomoda na qualificação adquirida e não continua a se desenvolver constantemente, a aprimorar suas qualificações, a colecionar experiências e a ampliar seu conhecimento, cedo ou tarde será desqualificado. Hoje em dia, praticamente ninguém ainda acredita que mais tarde irá trabalhar exatamente no "perfil profissional" para o qual seu currículo o qualifica. A maioria pode dar-se por satisfeita se a profissão ambicionada não esconder em si tarefas totalmente diversas, em função de uma completa renovação, ou se não passar a ser considerada supérflua.

O vaivém e o sobe-e-desce profissional geram o denominado *patchworker*. As etapas profissionais já superadas compõem as biografias-*patchwork* profissionais, o *portfolio*. Uma colcha de retalhos de desemprego, de trabalho voluntário, trabalho não-remunerado, trabalho em projetos, trabalho temporário, especialização e aquisição de qualificações suplementares substitui o currículo cronológico.

As condições de arranque dos trabalhadores autônomos, que, de certo modo, são rudemente empurrados no livre mercado, são contudo muito diferentes. Muitas nem sequer entram para concorrer aos lugares de trabalho ambicionados. Seu *portfolio* montado não convence. Elas permanecem rejeitadas, bem distantes nos últimos lugares, e suas virtudes empresariais, tais como a auto-responsabilidade e o prazer de risco, podem então ser disponibilizadas, por exemplo, como forma de serviço ao setor de salários mais baixos.

As novas leis de flexibilização do mercado e das empresas são transferidas diretamente ao funcionário e, mal chegam a ele, apresentam novas pretensões em suas qualificações: ele deve, por favor, se comportar tal qual o mercado e as empresas exigem. A soma de conhecimentos especializados já não leva muito longe.

Eles servem, contudo, como fundamento e como base. Somente quem os oferece enfeitados com uma cobertura apetitosa de *soft skills* tem condições de enfrentar as exigências do novo mundo do trabalho.

Personalidade: um fator de sucesso

Uma olhada nos anúncios de emprego nos jornais, nos periódicos especializados, em *sites* da internet não deixa nenhuma dúvida: as *soft skills* passaram a ser o conteúdo obrigatório dos critérios de avaliação e de escolha de candidatos e têm um lugar fixo em praticamente todos os perfis de exigências profissionais. Em oposição aos fatos resistentes e às condições especializadas, que concedem certificados e atestados, a noção coletiva de *soft skills* abriga todas as "capacidades e habilidades" pessoalmente coloridas "para o trato com pessoas e decisões, para o autocomando e a auto-organização", segundo a definição e o conselho da obra *Mit Soft Skills mehr erreichen* [Alcançar mais com as *soft skills*]. Por trás disso se esconde um volumoso catálogo com todas aquelas características desejáveis que fornecem as qualificações fundamentais e as ferramentas necessárias para um caminho profissional de sucesso. A aptidão do candidato não é mais ditada por lacônicos dados, como qualificação profissional, experiências sólidas e conhecimentos técnicos comprovados, e sim por características pessoais, modos de comportamento individuais e estruturas de personalidade profundamente enraizadas. Segundo estudos internacionais, a competência técnica representa hoje em dia apenas 50% do sucesso na vida profissional; as *soft skills* são responsáveis no mínimo pela mesma proporção do nível mais baixo ao topo da carreira. Tal como mostra a obra de aconselhamento, ninguém se contenta, como antes, em saber para o que um funcionário ou um candidato *tem capacidade*. O que importa saber é como ele *é*. Quer dizer, não é decisivo se alguém consegue ler balanços, redigir conceitos ou mudar cabos, mas sim se ele *é* flexível, se consegue trabalhar em grupo e *é* motivado. O que é propriamente natural com todas as suas disposições, características e contradições torna-se o fator de sucesso decisivo para tudo. Nesse caso, parece ser prejudicial ao indivíduo deixar por conta do acaso a formação de uma personalidade da qual, pelo que se sabe, as *soft skills* derivam.

O perfil de personalidade resultante apresenta-se mais ou menos desta maneira: o indivíduo tem mobilidade e é flexível, brilha pela criatividade e anseia por inovação. Além disso, está sempre disposto à comunicação, é socialmente sensível e ama o trabalho em grupo, no qual se beneficia do reiterado talento para a organização e do próprio conhecimento humano. Com a rapidez do vento familiariza-se com novos campos e se alegra com alterações de curso imprevistas e correções espontâneas, que são integradas com todo entusiasmo em seu trabalho. Obviamente sem se dispersar, pois sempre trabalha orientado para um fim e consegue administrar muito bem o seu tempo, outra das muitas virtudes da auto-organização amadurecida e profissional. Pensa não apenas de modo lógico, mas também analítico e estratégico e, de uma maneira ou de outra, abrangendo suas diversas especialidades. É quase imune ao estresse, ama o risco e o desafio e, além disso, é à prova de conflitos, tem nervos de aço e é extremamente flexível. Tem o dom da retórica e domina um vasto repertório, que vai do bate-papo com o chefe até a apresentação com sistema Dolby-Surround em auditórios municipais. E, por fim, não se pode deixar de mencionar a autoconsciência inabalável e o carisma, que dão ao todo o polimento correto.

Uma boa personalidade, quer dizer, uma que se presta à carreira, tal como exige a imagem do "homem empresarial", precisa estar equipada com essas habilidades e condutas "flexíveis", e todo candidato ambicioso que pretende chegar a algum lugar é aconselhado a adquirir algumas dessas características o mais rápido possível. Inversamente, toda empresa um pouco preocupada consigo mesma valorizará a mescla de uma quantidade de "habilidades flexíveis" em seus anúncios de emprego ou perfis de vagas. A febril exigência de *soft skills* há muito deixou de se restringir aos setores supostamente bem-sucedidos ou à procura de candidatos de alta categoria, mas se faz sentir em vários outros ramos. Seja um operário, uma parteira, um líder em vendas ou assistente: quem deseja o emprego deveria ao menos deixar atrás de si uma impressão dinâmica e comunicativa.

Quais habilidades pertencem às cobiçadas *soft skills* deve ser deduzido sem grande esforço dos consultores de carreira do ramo correspondente, das ofertas de trabalho ou das bolsas de emprego em que são enaltecidos e muito elogiados. Quando se procura saber quais exigências na verdade se escondem atrás disso, encontra-se em geral pouca clareza e a questão não raro fica por conta da interpretação dos empresários, superiores ou gerentes de recursos humanos. Tal como a palavrinha "*soft*" já indica, parece haver um interesse em manter seu conteúdo, tanto quanto possível, pouco nítido. Assim, as *soft skills* já são ao menos uma coisa: um reconhecido invólucro vocabular, suficientemente vago e maleável para servir a tudo e a todos. Flexível, se é o que se deseja.

O EMBUSTE DOS RÓTULOS

Grande número das qualidades flexíveis exigidas parece, num primeiro momento, bastante razoável. Elas deslocam para um primeiro plano o funcionário como ser humano, acentuam a convivência com os outros, prometem uma ação auto-responsável, autodeterminada e atividades criativas e variadas. Um anúncio de emprego que exige capacidade de trabalho em grupo, criatividade, competência social e motivação permite supor uma atividade em que não se é mais confrontado com exigências técnicas anacrônicas. No entanto, uma segunda olhada nas ofertas de trabalho já mostra que no dia-a-dia profissional as *soft skills* em voga não se anulam com tanta facilidade.

"Você é dinâmico e motivado e está acostumado a trabalhar de modo autônomo?", pergunta a clínica em seu anúncio de emprego para enfermeira. A agência de eventos da Vestefália, por sua vez, procura um "técnico em eletricidade motivado e ativo", que "de modo flexível e dinâmico esteja também disposto a assumir horários de trabalho pouco comuns". A revista local espera que o *layouter* tenha uma "mente criativa, aberta para uma equipe jovem", e a antiga empresa de consultoria idealiza um consultor júnior que seja "uma pessoa flexível, disponível, sem medo de horários de trabalho pouco usuais", e que traga consigo "flexibilidade e dedicação, mobilidade, bem como o prazer de viajar e o trabalho em equipe internacional", ao passo que a concorrência idealiza um diretor de *marketing* mais do "tipo operativo e solucionador de problemas", com um "alto grau de motivação própria e orientação de negócios" e "com excelente capacidade de comunicação".

Qualidades e concessões que outrora se exigiam eventualmente dos chefes, dos profissionais autônomos e do graduado *management* passam agora ao subordinado mais simples. Este é então mais exigido e terá de dar um jeito de satisfazer a empresa com seu perfil de personalidade empresarial e competente do ponto de vista social, pois o que se exige é antes de tudo isto: capacidade de adaptação. Assim, as *soft skills* englobam todas as capacidades que o funcionário precisa ter para se adaptar, como a peça de um quebra-cabeça, à organização empresarial estruturalmente fraca, inconstante e impregnada de mitos: o trabalho em grupo e o clima humano e prazeroso requerem sentimentos sociais aguçados e prazer de comunicação; a exigência de flexibilidade precisa satisfazer um funcionário para que ele possa absorver e compensar de modo autônomo a falta de continuidade e segurança, e ele desempenha seu papel empresarial na medida em que suporta a carga, se auto-organiza, está motivado e mostra coragem para se apresentar.

Vamos pinçar duas dessas características para nos dedicar a elas um pouco mais pormenorizadamente. Flexibilidade é um termo contemporâneo para mobilidade e capacidade de adaptação, e apresenta-se como o promissor reverso da rotina monótona e da opaca regularidade. O termo descreve a capacidade de um objeto se deformar e se deixar dobrar, voltando a seguir a seu estado inicial. Um elástico é flexível, uma árvore vergada pelo vento e uma roupa de *stretch* também o são. A flexibilidade consiste, por conseguinte, prioritariamente em reagir em vez de agir. Transferido para o mundo do trabalho, isso significa que se busca um funcionário que, tal como um elástico, de modo ininterrupto e sem retrucar se adapte às circunstâncias sempre modificáveis e às exigências do mercado e dos clientes, encontrando constantemente novas soluções para saber lidar com as modificações.

Os críticos do chamado "capitalismo flexível" têm se dedicado à questão de saber que mobilidade o funcionário efetivamente possui e quanto se pode vergá-lo sem que quebre. Eles defendem a tese de que a exigência contínua de flexibilidade anula a "necessidade natural" do ser humano, cujo caráter não pode prescindir da continuidade e da segurança: "O caráter se concentra especialmente no aspecto a longo prazo de nossa experiência emocional. O caráter se expressa por meio da lealdade e dos compromissos mútuos ou então pela busca de objetivos a longo prazo e sua prorrogação através da satisfação em nome de finalidades futuras. (...) Mas como é possível buscar objetivos a longo prazo quando se vive em uma economia inteiramente voltada para o imediatismo?", pergunta-se Richard Sennett ao descrever os efeitos colaterais da qualidade exigida em seu livro *The Corrosion of Character* [A corrosão do caráter].

Por outro lado, a mobilidade apresenta-se como o correspondente espacial da flexibilidade e, uma vez que ambas se complementam tão bem, freqüentemente são exigidas em embalagem dupla. Ter mobilidade soa a dinamismo, a velocidade, a seguir adiante e a liberdade. Quem, atendendo a uma intimação, realiza o seu trabalho hoje aqui e amanhã ali, pode considerar-se um "nômade do trabalho", cuja forma móvel do trabalho é descrita por Gundula Englisch em sua obra de mesmo título: "Aeroportos, estações de trem, trens e saguão de hotéis estão repletos de pessoas trabalhando: *laptop* sobre os joelhos, celular no bolso do paletó, fone de ouvido – alcançáveis o tempo todo e sempre em trânsito."

Mas mobilidade significa muito mais do que abrir o *laptop* em um espaço público ou atender lealmente ao chamado do trabalho, passando por cidades e fronteiras. Gundula Englisch também reconheceu isso e se entusiasma com um mundo do trabalho que "transforma assalariados sedentários, empregados dependentes em nômades do trabalho, que dispõem livremente de sua força de trabalho em um mundo repleto de funcionários que pulam de emprego em emprego, nômades de relações, cibercosmopolitas, trabalhadores limítrofes e existências migratórias". O constante estar a caminho exige um funcionário que, tanto quanto possível, não apenas do ponto de vista geográfico, mas também social, praticamente não crie raízes, que de boa vontade arraste seu trabalho atrás de si, mesmo que, apesar da imagem corrente da mobilidade, nem sempre o leve para metrópoles globais, mas termine muitas vezes em subúrbios tristes ou numa monótona cidade.

A mobilidade é uma das *soft skills* cuja situação tende a piorar dia após dia. É assim que aumenta o número dos que já não sentem prazer em se deixar empurrar pelo mundo por seu trabalho e conseqüentemente em ter de abdicar da vida social que os rodeia, da família e do próprio país. De acordo com um estudo encomendado pelo Ministério Federal para a Família, os Idosos, as Mulheres e os Adolescentes, praticamente 70% dos profissionais "móveis" – contra 4% dos "fixos" – se queixam da "carga" decorrente dessa forma de vida. Além disso, ficou claro que pessoas com mobilidade profissional permanecem – e talvez nem sempre por vontade própria – sem filhos com muito mais freqüência do que seus correspondentes sedentários. Um dos coordenadores do estudo, prof. dr. Norbert F. Schneider, do Instituto de Sociologia em Mainz, também confirma no jornal *Die Zeit* [O tempo]: "A mobilidade é um valor até aqui visto como desejável de modo extremamente acrítico. Contudo, vejo na sociedade certa tendência a perguntar onde se encontram, afinal, as verdadeiras vantagens da mobilidade."

Esse rápido olhar sobre a mobilidade e a flexibilidade solicitadas com tanta freqüência das *soft skills* já mostra que a isso estão ligados problemas que vão muito além da vida profissional e que, ao mesmo tempo, limitam e exigem demasiado dos homens enquanto indivíduos. A idílica idéia do funcionário moderno como um bloco de gelo sem vínculos que vagueia de um lado para outro sem destino ou como uma fita elástica é irreal. É evidente que um número elevado de trabalhadores se comporta com tal flexibilidade e tal mobilidade muito mais por uma questão de necessidade do que propriamente por convicção: preciso ser assim, é o que se diz. Foi dessa forma que, segundo o *Berliner Zeitung* [Jornal de Berlim], na conferência "Poder dos talentos", em Leipzig, no outono de 2001, para espanto e susto do mundo econômico, os jovens otimistas expressaram reiteradamente o desejo de segurança.

QE – GARANTIA DE SUCESSO COM DUAS LETRAS

A maioria das virtudes profissionais "maleáveis" descreve competências emocionais e sociais como motivação, flexibilidade, capacidade de trabalho em grupo ou auto-organização, as quais devem servir para as relações entre as pessoas e para as decisões. Isso significa: o funcionário ideal, em primeiro lugar, já não precisa saber muito, mas ser, antes de mais nada, um *expert* conhecedor de todos os truques para *management* sentimental e comunicação. Onde anteriormente se encontrava o QI (quociente de inteligência), por assim dizer, para intelecto, conhecimento, capacidades, competência e juízo, está hoje o QE (quociente de emoção): "A inteligência da sensibilidade", como uma espécie de reservatório e escala de avaliação das capacidades emocionais decisivas. Já em 1995, em seu *best-seller Inteligência emocional*, Daniel Goleman encontrou aptidões que, desde os primórdios da história da humanidade, motivaram o ser humano para produções que se destacam e a que se devem, tal como escreve, muitas das aquisições culturais significativas. À inteligência emocional "pertencem aptidões, tal como as automotivadoras e também a de seguir adiante em face de decepções, conter os impulsos e protelar as gratificações, regular as próprias tendências e impedir que a melancolia roube nossa capacidade de pensar, imaginar-se no lugar do outro e ter esperança". O valor e a finalidade do QI parecem ter se revelado inúteis e com pouca força expressiva no cotidiano profissional. A acreditar em Goleman, o QI contribui exatamente com 30% para o sucesso dos empregados e, no caso dos elementos de liderança, tão-somente com minguados 15%, e parece ser apenas uma questão de tempo saber quando será definitivamente considerado irrelevante, embora sua aplicação irrestrita como sinônimo de conhecimento, razão e inteligência seja tão discutível.

Por sorte, o QE, tal como todas as *soft skills*, não nos é distribuído por meio do indefectível bilhete da "loteria genética", mas é, antes de tudo, uma questão relacionada com a vontade necessária e com o treinamento correto. O objetivo declarado da categoria é dominar de cor e salteado o "alfabeto emocional", que não só refreia a decadência da sociedade, mas agora também salva o mundo do trabalho. A inteligência da sensibilidade torna-se o fator de sucesso que tudo decide, com o qual sobem e descem não só a estima e o prestígio de funcionários e empresários, mas também as cifras das transações. Os tempos são outros, e parece que já não se buscam as virtudes profissionalmente aptas como disciplina, pontualidade ou segurança.

Em resumo: estar claramente habituado com seus sentidos é "o fundamento de todo tipo de sucesso". Mas este só se apresenta quando a esses sentidos se seguem ações que se propagam em uma espécie de efeito dominó: o superior não só respeita seus funcionários como também lhes mostra o seu respeito, na medida em que os elogia detalhadamente; o elogiado, por sua vez, com um sorriso ou com algumas palavras simpáticas, transmite bravamente ao mais próximo o estímulo-chave emocional recebido e este novamente o dirige a outro, e assim por diante. O clima caloroso, emocional, alastra-se como um raio e produz inúmeras pequenas "*stars* sociais", que brilham com resultados altamente produtivos e produções efetivas.

Mas realmente não pode ser o sentido nem a finalidade exigir que funcionários e empresários passem também a controlar, polir e aparar de tal modo seus suplementos emocionais para depois, dosadamente, se doar, quando solicitado. A empatia exigida, quer dizer, a capacidade de se transpor para a situação espiritual dos seus semelhantes, implicaria séria e não superficialmente tal sensibilidade e dom de observação que com isso se estaria completamente preenchido, de bom grado, não sobrando praticamente mais espaço para o trabalho em si. No entanto, já não é possível falar de um interesse humano real e sincero. A competência social e a empatia são mais freqüentemente descritas como a capacidade de provocar reações desejadas em outros para, desse modo, poder influenciá-los e dirigi-los.

Além disso, o QE é um constructo altamente questionável, tal como Rolf Degen esclareceu em seu *Lexikon der Psychoirrtürmer* [Léxico dos psicoequívocos]. Como criação imaginada e vaga, deve seu sucesso menos a uma produção científica do que ao astuto artifício de tomar emprestado o grau de conhecimento público e científico do QI e adequá-lo descaradamente a suas próprias finalidades. Mesmo a pretensa contribuição de tão alta porcentagem do QE para o sucesso profissional mostra-se como o resultado de cálculos totalmente irrealistas: assim ao QI se atribuirá normalmente uma participação de 20% no percurso profissional; Goleman, o "descobridor do QE", apropria-se astuciosamente dos restantes 80% e os lança sem pestanejar na conta do "quociente de emoção" recém-saído do forno. Os resultados de estudos de longa duração também apontam para outra direção e não atribuem às características emocionais de personalidade, tal como as combina em si o QE, nenhum papel determinante para acelerar a carreira. Por isso pode-se apresentar a pesquisa citada por Degen com outro resultado interessante: "A exatidão, composta sobretudo pelo sentimento de dever, pela perseverança, pelo zelo e confiança (e que encontram ressonância no movimento QE), apresenta melhores resultados nesses estudos."

DE VOLTA AOS FATOS

Virtudes como flexibilidade, capacidade de trabalho em grupo ou mobilidade, que nos dias de hoje conferem brilho aos anúncios de emprego, seguem uma tática antiqüíssima que, tanto antes quanto agora, é eficaz, e à qual sempre se recorre quando se anuncia um produto à população e surgem dúvidas legítimas se realmente será possível se desembaraçar dele. É exatamente o mesmo ilusionismo inoportuno que podemos encontrar nas outras rubricas da seção de classificados do jornal diário: em anúncios de parceiros, lemos sobre um gêmeo inteligente, vistoso, que permaneceu jovem, e pressentimos que por trás disso se esconde uma enorme barriga de cerveja sobre patins, que procura dar conta da crise existencial vivida até aqui, lançando mão de sabedorias astrológicas. Nos anúncios de apartamentos, encontramos a descrição de um subsolo de formato interessante, de acesso favorável, e o que na verdade nos é apresentado é um cubículo octogonal num porão, próximo a uma estrada de desvio. Com o auxílio de alguns conceitos importantes, a verdade impiedosa, da qual praticamente ninguém quer saber, é polida e embelezada para determinado fim.

Mas as *soft skills* lançam mão não apenas do embuste dos rótulos. A manifesta fraqueza da gerência de recursos humanos e dos superiores pelas capacidades flexíveis os faz incorrer em outra falta grave: o menosprezo da qualificação profissional e do conhecimento. Já não importa "o que" alguém realmente sabe, mas sim "como" ele é, como se apresenta e qual é a impressão que produz. O que conta é a forma. Considera-se que os conteúdos técnicos e as habilidades, por sua vez, são teoricamente passíveis de ser aprendidos por qualquer um e até certo ponto permutáveis. Por isso, sem nenhum problema são os primeiros a ser deixados de lado. Como se pudessem ser automaticamente inseridos se a pessoa demonstrar amabilidade.

O prof. dr. Ekkehart Frieling, a dra. Simone Kauffeld e o psiquiatra dr. Seven Grote do Instituto para a Ciência do Trabalho, da Universidade de Kassel, em seu estudo intitulado *Kompetenz und Persönlichkeit sind unabhängig voneinander* [A competência e a personalidade são independentes entre si], chegaram, contudo, a outro resultado: "Características de personalidade, que, por definição, sobrevivem no tempo, têm muito pouco a ver com as competências técnicas comerciais dos funcionários. Este é um resultado que o formador de profissionais deveria aceitar com otimismo e que, aparentemente, torna menos aconselhável a seleção de pessoal com a ajuda de testes de personalidade." Além disso, o significado da competência social seria superestimado, pois, "embora os funcionários gastem muito tempo com a troca de manifestações socialmente qualificadas, as competências sociais no contexto das discussões de grupo não habilitam para a produção de (boas) soluções". A competência social na escolha de elementos de liderança é apenas a "cereja do bolo", diz o psicólogo e professor de Augsburg, Oswald Neuberger, especializado em questões de pessoal, em uma conversa com a agência de notícias *dpa**. Ele chama de qualidades "procuradas" aquelas que apontam em uma direção totalmente diversa: "Na hora da decisão, a empresa não quer saber de quem não tem muita firmeza. O funcionário também precisa saber se impor, ser firme em suas decisões.

"Certamente é muito mais prazeroso e alivia o trabalho conjunto ter como superior uma mulher atraente ou como colega um homem simpático. Mas quem aceita o modelo de seleção dos critérios emocionais e flexíveis

* *Deutsche Presse-Agentur* (Agência alemã de notícias). [N. da T.]

precisa também aceitar que o elemento de liderança que, à primeira vista, emite uma aura de inteligência emocional pouco expressiva, embora, com olhar preciso para o talento de seus funcionários, seja competente na direção e tenha um admirável conhecimento e um patrimônio de experiências, é a partir de agora a segunda opção.

Em vez de deixar que tudo se torne uma questão decisiva, isto é, como uma pessoa se comporta e se autopromove, seria necessário aproveitar de novo o tempo para descobrir aquilo que ela sabe e do que é capaz. A base indispensável para toda forma de trabalho conjunto é e permanece sendo a compreensão e a executabilidade dos rendimentos específicos dos outros e, por conseguinte, o respeito por essa competência. A economia científica baseia-se no conhecimento fundamentado e não se contenta com aquilo que alguém pesquisou ontem no banco de dados e que, na semana passada, ficou casualmente sabendo na formação de última hora. Certamente o funcionário precisa ter condições de transmitir, compartilhar e tornar compreensíveis os seus conhecimentos e pontos de vista, contudo não se deveria insistir muito para que, ao mesmo tempo, ele tenha ainda de fazer uma boa figura.

Não se pode medir o valor do conhecimento limitando-se a descobrir se ele pode ser rapidamente adquirido, se está disponível *just in time* e é diretamente aplicável. O conhecimento significa muito mais do que alguns poucos fragmentos que reunimos de acordo com nossas necessidades. Isso não significa empacotar e congelar o conhecimento e as habilidades dos funcionários, mas complementá-lo, reajustando os vencimentos salariais para que permaneça sempre cheio de ânimo. O caráter vivo e constantemente auto-renovador do conhecimento não é contudo uma novidade, menos ainda uma descoberta da era da informação e da sociedade científica. No entanto, a advertência reiteradamente divulgada de que o conhecimento específico e consolidado já não se prestaria à compreensão de um mundo submetido à mudança pressupõe um conceito de saber limitado e rígido.

Mais uma vez, reclama-se histericamente a meia-vida reduzida do conhecimento, acompanhada do ponto de vista de que simplesmente não haveria mais nada para intervir em quantidade. A isso se segue sempre a intimação a esquecer, o mais rápido possível, todo aquele conhecimento que não chega diretamente até o homem. Decerto, o conhecimento tem uma cota de inflação que não deve ser menosprezada e se autodesvaloriza de tempos em tempos, mas, para alcançar novos conhecimentos, muitas vezes é muito benéfico ter antes compreendido os antigos. O conhecimento sólido fornece um contexto e uma base fundada que, com freqüência, permite reconhecer relações, avaliar, ordenar e refletir informações e com isso deixar que se tornem conhecimento.

É assim que Helmut F. Karner postula: “Precisamos conseguir esquecer!”, e junta-se a outros favoráveis à grande faxina, à “liquidação do conhecimento”, à “perda do conhecimento” e à “desaprendizagem”. Esquecer sem medo o conhecimento consolidado, as competências e experiências adquiridas, já que poderiam obstruir cognições inovadoras e idéias não-adaptadas, não faz sentido algum. Quem defende o grande esquecimento pressupõe que é possível determinar perfeitamente qual conhecimento é apropriado para as boas idéias e as soluções inteligentes e qual se poderia, com a consciência tranqüila, considerar inútil e superficial. Além disso, aí se revela a crença equivocada de que a época atual traz consigo tanta novidade e coisas únicas que o saber, o conhecimento e as experiências dos últimos séculos já não podem mais competir com ela.

A exigência de *conhecimento* e de *habilidade*, em vez do *ser* dos funcionários, não formula a premissa de um conhecimento especializado contínuo e completo, mas requer a capacidade de "utilizar", aprofundar e ampliar o conhecimento de modo independente, a coragem de admitir as lacunas de conhecimento, além de exigir a disponibilidade de abandonar os caminhos habituais do pensamento e as disciplinas conhecidas e, para além dos caminhos estreitos profissionalmente demarcados, lançar-se em novos campos do conhecimento. A muito exigida flexibilidade faz sentido na forma de uma "elasticidade espiritual" entre as disciplinas, ultrapassando os limites. O pensamento interdisciplinar que volta e meia aflora nas exigidas *soft skills* parece ser uma indicação bastante razoável se não tiver a pretensão de autocracia e se o conhecimento especializado utilizável e as competências adquiridas não forem avaliados como obstáculo, mas como ingredientes necessários.

É assim que, segundo um estudo da empresa de consultoria Kienbaum, a aptidão para o pensamento interdisciplinar, antes mesmo do procedimento de solução do problema e do potencial de liderança das empresas, é vista como a habilidade central, que diferencia um "*high* potencial" de um recém-formado qualquer.

O candidato *prêt-à-porter*

Muitos ofuscam, sem terem sequer alguma luminosidade.
HEINZ ERHARDT

Procuram-se funcionários

Já na metade dos anos 1990, os empresários – primeiro baixinho, depois de modo mais ruidoso – manifestaram incessantemente a preocupação de encontrar alguns poucos funcionários qualificados e ligá-los à empresa. Mesmo quando a produção técnica de um candidato é sedutora, faltam-lhe, não raro, as *soft skills* impreterivelmente exigidas. Em especial, os ramos que atuam com tecnologias e com conhecimento e informação buscavam desesperadamente funcionários e estimulavam a "guerra de talentos", a que Ed Michael, da consultoria de empresas McKinsey, emprestou o seu nome popular, em 1998. Paradoxalmente, a atual necessidade de pessoal se mantém exatamente nos ramos que tramaram essa guerra, contra os prognósticos, antes dentro dos limites. Mas isso não significa que a situação se abrandou. A situação econômica pouco cômoda na atualidade minimiza a necessidade de "pessoas boas" apenas frivolamente. Em muitas empresas, tanto antes quanto agora, há uma situação de emergência em relação a pessoal. E isso com aproximadamente quatro milhões de desempregados – segundo o *Handelsblatt* [Jornal de Comércio] – defrontados com um milhão de vagas em aberto nas empresas. O motivo mais comum: a pouca qualificação dos candidatos. Um exemplo expressivo para o mercado de pessoal às vezes esvaziado são os especialistas de internet indianos, em geral estupidamente denominados "computadores indianos".

Oferta e procura perderam o rumo. Freqüentemente, selecionadores de pessoal visivelmente decepcionados falam de sua tarefa pouco gratificante de encontrar os funcionários certos na forma de *employer of choice**. Suas descrições são bastante parecidas: o mercado está "engessado"; falta simplesmente pessoal qualificado; pessoas boas são uma raridade e são objeto de uma busca constante. Qualquer um pode encontrá-lo: a empresa familiar local, a firma de tecnologia recém-implantada, a empresa de médio porte solvente, instituições de formação e os gigantes globais: seja a cadeia de supermercados, o promotor de viagens, a seguradora, a polícia ou a liga de futebol, todos buscam desesperadamente "novas gerações qualificadas".

Hoje uma empresa mal pode se permitir ter vagas não-preenchidas e um planejamento de pessoal deficiente, visto que sua eficiência econômica é cada vez mais uma questão do pessoal certo no lugar certo, tal como mostra um exemplo do *Süddeutsche Zeitung* [Jornal do Sul da Alemanha]: "No ano passado uma companhia aérea internacional precisou suspender o uso de cinco aviões. Não porque a tecnologia já estivesse ultra-

---

* Empregador que integra seu funcionário à equipe, despertando nele o desejo de contribuir com a empresa. [N. da T.]

passada, mas sim o trabalho de pessoal. Não havia pilotos disponíveis para as máquinas. Déficit no volume de vendas decorrente do erro estratégico de pessoal: 500.000 euros/dia."

O projeto de procura de funcionários nos dias atuais precisa começar em grande estilo. Com um departamento de pessoal empoeirado e atitudes irrefletidas, não dá para fazer muita coisa. O departamento de recursos humanos, a propaganda e o vínculo de funcionários tornam-se o cordão umbilical e o motor da empresa. É aqui que se decide sobre o seu futuro, não nas reuniões da presidência, nem nos departamentos de propaganda, nem mesmo na reunião anual dos acionistas.

E, assim, não se economiza tempo nem dinheiro para se encontrar o *employer of choice*. O departamento de recursos humanos faz varreduras no mercado nas grandes listas esquematizadas em busca de funcionários necessitados. Agora vale o seguinte: quanto mais solicitada é a nova geração a ser atraída, mais inovadores precisam ser os métodos. Propagandas no rádio que alcancem todo o território nacional, malas-diretas espalhadas por todos os lados e anúncios de grandes proporções devem iscar o candidato sonhado. O "primeiro contato" pela internet torna-se cada vez mais popular e, caso não se queira ir tão longe, pode-se também envolver os empregados: ao enviar um candidato aproveitável, o funcionário é recompensado com uma viagem no fim de semana paga pela empresa. Se o orçamento da empresa permite saltos maiores, pode-se então marcar ruidosa presença na feira de recrutamento ou ainda no congresso de carreira profissional, tornar-se membro em bolsas de nova geração e em iniciativas de estudantes e por fim estabelecer um *headhunter* especializado na caça profissional de candidatos.

A imagem do candidato ideal, que muitas empresas hoje delineiam até os últimos detalhes, é cuidadosamente imaginada com finas nuanças. As empresas sabem precisamente como ele deve ser, o que necessita saber e deve trazer consigo. E, uma vez que a maioria prefere ter um emprego ocasional a ser incluído nas filas dos desempregados, os candidatos fazem de tudo para corresponder ao perfil desejado e não deixar nenhuma expectativa em aberto. O que não pode é deixar isso por conta do acaso. O sucesso se constrói e não pede mais do que investimentos, que se pagam no próprio valor de mercado.

Propaganda em causa própria

Quais investimentos se pagam e como a carreira de sucesso, o dinheiro rápido e o sucesso do "homem empresarial" mal podem ser evitados, eis o que proporcionam as inúmeras dicas práticas para o autolançamento no mercado profissional. Ali podemos ler tudo o que é necessário para se atingir tal objetivo. "Cada um modela a sua própria ferradura da sorte", soa curta e contundente a filosofia obrigatória.

Em primeiro lugar, aconselha-se que cada um se decida por uma "profissão de futuro", uma profissão, portanto, que apresente perspectivas e esteja estabelecida em um ramo econômico em alta. Mas com isso não se resolve o caso: a partir do momento em que o trabalho passa a ser mais do que um simples ganha-pão, quer dizer, é "vocação", só quem compreende a sua verdadeira finalidade será recompensado com a abertura profissional.

Para se examinar essa vocação em detalhes, contudo, a invenção engenhosa de mecanismos diligentes na qualificação profissional está longe de significar alguma coisa. Observada mais de perto, ela chega a não ter valor quando não é levada ao homem com todos os refinamentos. É somente a "propaganda" correta que põe a pedra em movimento. Sem autopromoção, pouco valem todos os bons certificados e as línguas estrangeiras que se domina perfeitamente. E, então, à propaganda e à venda da própria produção profissional sucede-se uma ascensão meteórica. Nos dias de hoje qualquer pessoa pode descobrir facilmente quais regras do jogo devem ser perseguidas para se deixar a rodada de concorrência como vencedor. Todos os meses revistas recém-impressas para "jovens profissionais", *sites* sobre empregos ocasionais e um gênero especial de consultores, seminários e cursos de treinamento abordam exaustivamente o tema e munem os candidatos solicitados pelas empresas com toda espécie de *know-how* impresso em letras garrafais. A fórmula simplificada dos consultores experientes de seleção de pessoal, que se resumia em desaconselhar um candidato cujo currículo apresentasse orelhas, manchas de gordura, cheiro de cigarro, erros gramaticais e uma fotografia instantânea tirada nas férias, e em exortá-lo a se esforçar para exibir na entrevista um olhar seguro e um aperto firme de mão, já está ultrapassada.

Quem envia o seu currículo para a seção de pessoal por *e-mail*, portanto, sem papel, em vez de ser minuciosamente analisado durante meia hora numa entrevista inserida na maratona de testes de seleção, que dura vários dias, exige truques de outro calibre: autotestes bem amplos ajudam a fazer uma auto-avaliação real, *layouts* semiprontos e textos de exemplificação no CD enviado tornam a enfadonha redação da carta de apresentação mera questão de forma, e a fita cassete de treinamento com um chefe de pessoal fictício é um estímulo para um teste árido da entrevista de apresentação.

O CANDIDATO TRANSPARENTE

O fato de que hoje são outras as qualidades que decidem sobre a aptidão para o emprego já se evidencia em grande parte nas entrevistas de apresentação. A questão das qualificações é geralmente relegada a segundo plano. Em vez disso, o que se deseja saber do candidato é se é capaz de se familiarizar rapidamente com o trabalho, se está acostumado a trabalhar sob estresse, qual é, na melhor das hipóteses, a idéia que ele tem sobre capacidade de trabalhar em grupo e se, em caso de necessidade, estaria realmente disposto a passar algumas horas no escritório durante o período noturno. Ao contrário dos dados mensuráveis e sem vida, reunidos como de costume pelo candidato no seu perfil profissional, estas *soft skills* são difíceis de ser comprovadas e controladas. Quem declara ter concluído o seu estudo em tempo recorde e com distinção, fala sobre uma pesquisa que realizou em dois anos e narra suas experiências ao exercer o cargo de diretor de uma grande empresa, precisa contar com a necessidade de apresentar comprovantes disso. Se, por outro lado, o que se avalia são os fatores flexíveis, cada um pode dizer que sempre se destacou por sua criatividade e por sua motivação inabalável e, em razão de sua sensibilidade emocional, levou a vida até aqui praticamente sem conflitos.

A difícil comprovação das *soft skills* é uma questão que também não escapou às empresas. A grande maioria dos candidatos decorou cuidadosamente as dicas bem próximas da prática dos consultores mais conceituados, para então se apresentar vaidosamente e sem falhas ao chefe de recursos humanos. Num primeiro momento, eles ficaram extremamente satisfeitos com o inesperado e expressivo número de candidatos ideais, até que passaram a desconfiar da repetição do mesmo vocabulário. Assim, hoje já não é mais segredo que aproximadamente 90% dos candidatos, ao serem perguntados sobre os seus pontos fracos, respondam: "impaciência". E, caso seja pedido mais de um defeito, seguese, na maioria dos casos, um "perfeccionista".

Para não comprar gato por lebre e não cair em conversa fiada, o recurso humano como fator decisivo de sucesso precisa, antes de mais nada, ser minuciosamente examinado e testado em sua utilidade. Para tal fim, um número cada vez maior de empresas inclui o *Assessment-Center* [Centro de avaliação], também conhecido como AC, em seu programa de seleção, cuja função é esclarecer definitivamente quem está realmente habilitado. Modelos semelhantes de seleção foram desenvolvidos e aplicados nos anos 1970 exclusivamente pelos militares. Aí então veio a IBM, a primeira empresa a inserir o AC na Alemanha. A concomitante ascensão econômica da empresa levou a concluir que ela seria decorrente da seleção de pessoal. Essa lógica encontrou muitos adeptos, e o AC se tornou a fórmula de sucesso para a escolha de funcionários. A Opel, a Audi, o Exército alemão, a Mövenpick ou a Dr. Oetker, praticamente todas essas grandes empresas já não abrem mais mão dele.

O AC presta-se à "verificação qualitativa de aproveitamento de comportamento, isto é, de deficiências de comportamento", como escreve Wolfgang Jeserich em *Mitarbeiter auswählen und fördern* [Escolher e promover funcionários]. Numa espécie de prova geral, um número expressivo de candidatos deve simular desafios e situações profissionais futuras. A atividade é observada em detalhes por pessoal psicologicamente preparado para esse fim, analisada de muitos pontos de vista e impiedosamente avaliada. Segundo a crença geral, os pontos fortes e os pontos fracos manifestam-se com toda a clareza, os convencidos e exagerados são rigorosamente descartados. Quem tem falhas na comunicação e na própria apresentação e possui inseguranças e dificuldades encontra-se aqui em má situação. Nesse caso, o bem-intencionado conselho de se comportar da forma mais natural possível e de se manter fiel a si mesmo, em qualquer circunstância, também não resolve nada. Todo o espetáculo pode durar de algumas horas até dois dias, nos quais se seguem, um após o outro, jogos de atuação, testes psicológicos e experimentos de comportamento. Até a fútil conversa sobre o tempo e o fim de semana durante o almoço comum no restaurante da empresa se transforma numa série de exercícios que devem ser vencidos. Tanto aqui quanto lá vale o seguinte: quem treme, se mantém à margem, reage com indignação, não se importa com os colegas do outro grupo ou rompe em lágrimas está desqualificado.

Para se vencer a seleção com bravura é indispensável uma preparação abrangente. Um guia suficiente já cuida disso: a bandeira "Candidatar-se com sucesso" foi hasteada por muitos conselheiros que se dedicam ao treinamento e à apresentação convincente das *soft skills*: "Que tal uma conversa com o encarregado do posto de gasolina (exercício de bate-papo)" e "Exercite também durante a compra de roupas: quer dizer, a habilidade de negociação", "Poder de compreensão dos sentimentos dos outros"; por outro lado "Você também pode treinar com alguém que conhece muito bem, por exemplo, com um amigo ou uma amiga", aconselha o prontuário *Mit Soft Skills mehr erreichen* [Alcançar mais com as *soft skills*]. "Venda-se! Seja interessante, espirituosa e comunicativa. Você pode voltar a ser você mesma sem constrangimento quando finalmente chegar ao sofá de sua casa", exagera novamente no "dance-de-acordo-com-a-música" uma das sugestões da obra *111 Tipps für Frauen im Beruf* [111 dicas para mulheres na profissão].

Por mais absurdos que esses artifícios também possam ser na "caixa de truques" das *soft skills*, o candidato os acata agradecido, pois sabe que quem deseja vencer com sucesso o percurso já deveria deixar bem claro, desde o primeiro momento, que foi abençoado pelas *soft skills*. Os poucos dias ou horas da seleção são, a essa altura, apenas o tiro de largada. Se se conseguir o emprego, será preciso manter o que se prometeu e apresentar dia após dia o funcionário de retórica brilhante, capaz de trabalhar em grupo, motivado, seguro de um objetivo e consciente.

O caráter correspondente

A conseqüência de tudo isso é tanto assombrosa quanto assustadora. Daí sai o candidato ideal adestrado: ele é flexível, e parece não haver problema algum no fato de o jovem, na verdade, sempre ter sido uma pessoa caseira. Ele trabalha preferivelmente de modo interdisciplinar, embora desde pequeno tenha se interessado exclusivamente por química molecular. Adora o trabalho em grupo, mesmo que sempre tenha sido um individualista e, com o passar dos anos, sinta cada vez mais prazer nesse papel. E convence como mestre soberano da apresentação, mesmo que no passado tenha se esquivado de declamar poemas para a classe, ler as preces na missa dominical e apresentar seminários em salas superlotadas.

Personalidade como uma soma de aptidões individuais e peculiaridades, habilidades, talentos e fraquezas deixou de ser uma questão de formação individual, mas de boa vontade. Ela é treinada, passível de tomar forma e modificar-se e tem, por fim, de ser tal como hoje é solicitado na profissão e vale como irrenunciável. O que conta é uma boa *performance*. O idiota é, portanto, quem não aprendeu a fazer promessas e não deu o que falar nem como colega, nem como agradável candidato "*social skilled*".

O funcionário oportunista não vê mal algum em desempenhar, fiel às normas, o clichê de pessoa "*soft skilled*" com extremo requinte. As inúmeras e pequenas decalcomanias do protótipo autodesejado multiplicam-se a cada dia; não reparar ou não ouvi-lo é muito difícil em razão da sua conduta dinâmica e fortemente comunicativa. Ele nos acompanha nos corredores das empresas, nas instituições de formação e em salas de reunião.

A valorização exagerada e alienada de *soft skills* criou um tipo de funcionário que, antes de tudo por motivos táticos, se mostra muito comunicativo, flexível e apto para o trabalho em grupo e que, portanto, converte irrefletida e taxativamente na proporção 1:1 as qualidades requeridas. Sem variação, sem obstinação e sem personalidade. Esse tipo de funcionário não está nem um pouco preocupado em saber que existe algo que passa por um processo de crescimento, algo como identidades, que não são modificáveis ao bel-prazer, com as quais o novo se mescla. Ele apresenta comportamento e qualidades "segundo as necessidades" e "segundo a procura". Compõe sua personalidade a partir do sortimento atual de qualidades que se buscam: "Capacidade de trabalho em grupo nos corredores da estação, aproveite! Em razão da grande procura, mobilidade e flexibilidade em um pacote único!"

A esperança de que a influência de *soft skills* introduza no mundo do trabalho a era de uma espécie de ser humano mais agradável também não se concretiza. As *soft skills* não farão com que o carreirista astuto, que concluiu os estudos em tempo recorde, se detenha ante o obstáculo social ou que o engenheiro egomaníaco que age sem escrúpulos ou o chefe colérico e instável se tornem modelos ultrapassados. Eles continuarão na corrida pelo poder, influência e sucesso. O fato de não se ver mais neles o seu poder à primeira vista não torna isso mais fácil. Em sua pele *soft skills*, socialmente compatível, eles atuam a partir da defesa e com meios e métodos sutis para seguir adiante. Tanto antes como agora, o mundo do trabalho moderno ainda tem muito espaço para intrigas e ajudas mútuas duvidosas, para precipitações e *mobbing*.

Contudo, tanto antes como agora, o tipo de funcionário feito em série ainda se encontra no topo da lista do que a maioria das empresas deseja. Há muito tempo estabeleceu-se um ramo profissional independente que se especializou num método rápido para injetar as novas aptidões e características – tais como retórica, linguagem corporal ou automotivação – no funcionário disposto a aprender e ser elogiado por melhorias, de preferência também à custa da empresa.

DIFERENÇAS SÃO DESEJADAS

Onde ficam os pensadores diferenciados, supostamente tão estimados, com rupturas marcantes no currículo e biografias incomuns, que ainda não gastaram totalmente suas aptidões e talentos em toda parte em favor de uma carreira baseada em *soft skills*? Em vez de fazer a corte aos oportunistas dinâmicos, o interesse precisa voltar-se novamente para os inadequados e para os teimosos tecnicamente qualificados, que talvez não possam se tornar tão conhecidos assim, mas que, em contrapartida, se diferenciam beneficamente da massa uniforme de candidatos. Aqueles que não estão sobrecarregados de categorias virtuosas como flexibilidade, espírito de grupo e criatividade. Aqueles que não estão adestrados e acomodados e não se deixam convencer de que o funcionário moderno e disposto a correr riscos responde a toda idéia e visão com um "por que não?", em vez de objetar com um questionador "sim, mas".

As empresas deveriam se esforçar e voltar a se preocupar com os funcionários que simplesmente buscam um trabalho que corresponda ao seu talento e conhecimentos específicos. Essas pessoas existem, mas um ou outro ainda prefere vender pãezinhos ou dirigir um táxi, ou porque tropeça nos obstáculos das *soft skills*, que tudo decidem, ou simplesmente porque não está disposto a simular profissionalmente a eterna imagem de personalidade favorecida, que nada tem a ver com ele. Do ponto de vista técnico, existem pessoas altamente qualificadas que não têm a mínima vontade de se submeter, e não é de admirar.

E assim elas trariam um grande número de aptidões e de talentos novos, dos quais as empresas dependem, caso não queiram fazer sempre a leitura das mesmas estruturas de pensamento, dos mesmos processos de trabalho e das tentativas de solução dos sempre iguais rabiscos de *mindmapping* em *flipcharts* ou em papéis de rascunho. Inovação e criatividade, novas tentativas de solução não-convencionais, solicitadas hoje em toda parte, precisam de diversidade, variedade, contradições e de divergências. "Toda empresa precisa não só reconhecer que cada funcionário é diferente, mas explorar essa diferença e dela extrair lucro", escrevem Marcus Buckingham e Donald O. Clifton em *Entdecken Sie Ihre Stärken jetzt!* [Descubra agora os seus pontos fortes!].

Sem dúvida, há pessoas, por assim dizer, naturalmente flexíveis, que precisam de variações e buscam desafios. Pessoas que se adaptam rapidamente a novas circunstâncias e se dão bem com elas, que demonstram notável habilidade no trato com as outras, que consideram persistência e compromisso como rotina e limitação e se contentam com uma ínfima porção de estabilidade e segurança. Elas são flexíveis, dão conta das exigências mais difíceis e sentem necessidade do risco e da imprevisibilidade, não por precisarem disso, mas por estar de acordo com sua índole. Nada se pode falar contra isso, uma vez que essas pessoas sem dúvida são muito úteis e convém empregá-las de acordo com seu talento, bem como promover suas competências.

Mas a maioria da população e, portanto, dos funcionários e dos candidatos se distinguirá por outras qualidades: aí encontramos, por exemplo, o ambicioso batalhador solitário com acurado espírito de observação, o profissional de informática fóbico-social com grande visão de conjunto, o tímido doutor das ciências sociais com o habitual talento de organização. Há pessoas que são muito mais céticas, analíticas ou discretas, que observam com atenção em vez de se lançarem de imediato para a frente, que ponderam e hesitam. E essas pessoas também possuem talentos e habilidades que convém estimular e que são tão úteis quanto o elogiado grupo de *soft skills*.

Tais aptidões não são uma vantagem e menos ainda uma desvantagem, e não há sentido algum em "destreiná-las" penosamente. Uma empresa só pode renunciar a funcionários com essas qualidades até certo ponto. A compreensão das conexões, a ponderação e o saudável ceticismo em face de mudanças protegem das decisões apressadas e contribuem para preservar o conveniente e o necessário.

Nessa relação, a idade do funcionário também desempenha um papel importante. Segundo o Instituto Federal para o Trabalho, atualmente, em 60% das empresas alemãs, não há funcionários com idade superior a 50 anos, uma situação absurda diante do crescente envelhecimento da sociedade. Seu sólido conhecimento especializado e seu abrangente patrimônio de experiências são precipitadamente considerados ultrapassados; eles mesmos são julgados inalteráveis. Tudo quase leva a crer que as habilidades "maleáveis" estão indissoluvelmente ligadas com a idéia de juventude. Nesse meio tempo, fatalmente torna-se cada vez mais claro, ao menos no mundo do trabalho, o fim da ilusão da juventude. Mas isso em geral só ocorre quando dolorosamente se precisa reconhecer que o ainda muito recente conhecimento "orientado para a aplicação" dos jovens dinâmicos não demora a se mostrar anacrônico e inútil, e que, além disso, eles apresentam poucos conhecimentos e experiências úteis, aos quais se poderia recorrer.

Com um pouco de paciência e de saliva, qualquer empresa se beneficia ao procurar arrancar as idéias daquela pessoa calada e tímida, lucrar com a experiência dos mais velhos e deixar o espaço livre para quem tem dificuldades de adaptação. No entanto, em um procedimento de seleção totalmente orientado para as *soft skills*, os candidatos serão sempre de novo sondados de acordo com os mesmos pontos fortes, enquanto o resto permanece obscuro. Conhecimentos, capacidades e habilidades que não são questionados e que não virão à luz em dois dias de *Assessment Center* – tais como retidão, confiabilidade, disciplina, valores de experiência, persistência, lealdade, previdência ou cautela – vão por água abaixo. Da mesma forma que se aplaudem habilidades como o entrosamento, o espírito de grupo ou a disposição para o risco, penaliza-se a discrição, a cautela ou a hesitação e descartam-se candidatos qualificados que não apresentam iniciativa e que precisariam de algumas semanas e da confiança dos colegas para quebrar o gelo. Além disso, os dispositivos científicos de segurança de muitos ACs pouco a pouco se mostram extremamente questionáveis: em vez de psicólogos competentes, muitas vezes é o chefe de pessoal que se apresenta como autorizado para a observação e a avaliação dos candidatos. As tarefas exibidas são retiradas fielmente da literatura corrente, sem ser ajustadas às exigências específicas da empresa, tal como constatou Christoph Mathias Hühnerbein-Sollmann em sua pesquisa.

Para se reconhecer as "reais qualidades" dos funcionários, antes de tudo são necessários tempo e oportunidade, para colocá-las à prova. Assim, mesmo nos *high potentials*, na *crème de la crème*, entre os funcionários cobiçados, tal como comprova um estudo de Kienbaum Consulting, a prática comum continua a ser a ferramenta mais eficaz para se encontrar funcionários adequados e, tanto antes como agora, a entrevista é o instrumento de seleção por excelência. Aquilo que o funcionário é efetivamente capaz de fazer e até que ponto está em condições de adquirir conhecimentos, desenvolver habilidades e enfrentar as exigências do trabalho mostrar-se-á sempre primeiramente no próprio trabalho, no período de experiência, em um programa de treinamento ou em um estágio.

Há boas razões para se satisfazer com a entrevista e encorajar o funcionário a informar seus talentos e suas fraquezas, assim como a relatar detalhadamente suas experiências, conhecimentos e forma de trabalho. Contudo, é conveniente ser prudente nisso e não tomar como medida a impressão pessoal. Pois, como mostra um estudo do Instituto para Psicologia do Trabalho e da Saúde, da Universidade Livre de Berlim, a entrevista do candidato – independentemente do conteúdo – desempenha um papel decisivo para a sua avaliação: quanto mais tempo ele fala, mais é conceituado de modo positivo e tem possibilidades de ser bem-sucedido.

O escritório Mair u. a. deixa espaço para as particularidades dos funcionários e estimula a diferenciação de seus rendimentos e habilidades, que são tão diversificados quanto as tarefas, exigências e finalidades do trabalho em si. Após uma candidatura normal e uma conversa bastante normal, centrada na qualificação técnica, segue-se em geral um período de experiência, no qual nos esforçamos para selecionar as aptidões e o conhecimento do funcionário. Quem remodela a sua personalidade para ascender profissionalmente, com uma espécie de cálculo tático, não deve contar com elogios e reconhecimento de nossa parte.

Preferência pelas mulheres

A igualdade de direitos entre os sexos só será alcançada quando mulheres medíocres exercerem altas funções.
Françoise Giroud

Sobre *copyright* e *corporate identity*

A esmagadora maioria dos oportunistas domesticados, que hoje em dia são encontrados na paisagem das empresas e desempenham com perfeição o clichê do tipo vencedor dinâmico e emocionalmente esperto, pertence ao sexo masculino. Particularmente os homens seguem de boa vontade o *mainstream*, estimulado pela carreira, e mostram-se bastante receptivos para as dicas e os truques da autopromoção que, agradecidos, repetem de modo mecânico e promovem à *corporate identity* de sua aparência e de seu repertório de comportamento. Isso talvez se explique pelo fato de que os homens, historicamente, perambulam pelo âmbito do mundo do trabalho há muito mais tempo que as mulheres e, por conseguinte, já tiveram tempo suficiente para tentar descobrir como entrar em cena taticamente com a maior eficiência possível. Daí provém também a noção difundida mais entre os homens que entre as mulheres de que, se se deseja progredir, não é errôneo seguir o protótipo atual do homem bem-sucedido do ponto de vista profissional.

E, assim, ainda hoje há um número expressivo de homens ocupados em se desfazer do perfil autoritário, do pensamento racional e da argumentação objetiva (o sortimento do século passado) para se outorgar uma aparência moderna por meio de *soft skills* – como espírito de grupo e competência social.

Grande parte da coleção dos tipos de trabalho foi talhada sob medida especialmente para os homens. A oferta para a clientela feminina adulta, por sua vez, mostra-se extremamente escassa, e a maioria dos modelos balança há anos, despercebidos, no cabide: com exceção da mofadíssima e poderosa mulher-Melitta, cujo dia tem trinta horas, da impecável modelo da propaganda do *spray* de cabelo Drei Wetter Taft, da esquizóide mãe, dona-de-casa, amante, chefe e supermulher, graças à sua organização, bem como da amargurada mulher solteira, que sacrifica família e tempo livre e, sem levar em conta as perdas, galga os degraus da carreira, tanto antes quanto agora o mercado não se interessa muito por idéias de papéis cunhadas especialmente para profissões.

O fato de, como tantas outras vezes, se ter dado preferência à classe masculina e ter-se dedicado totalmente a sua autopromoção em geral, é sem dúvida um feliz acaso. A falta de modelos unodimensionais para o mercado profissional feminino poupa as mulheres de terem de se prender a um clichê que não lhes serve. E assim, a partir de toda espécie de elemento decorativo disponível e de diferentes fontes, a maioria das mulheres começa a talhar a própria identidade profissional, quer dizer, aquela que lhes assenta bem. O resultado é extraordinário: em oposição ao tipo aerodinâmico, que serve como protótipo para muitos homens na profissão, o perfil profissional das mulheres oferece muito mais contornos, ângulos, cantos e nuanças, que deixam transparecer diferenças, particularidades e personalidade.

A falta de uma cultura de ideal e de modelo na forma de molde desenvolveu-se como uma vantagem, e assim a clientela feminina mostra-se alheia e pouco sensível a clichês e protótipos. Se a teoria hoje postula a "*diversity*", a diversidade entre funcionários, como fator de sucesso indispensável de uma empresa para reagir à multiplicidade e complexidade dos mercados, então essa "diversidade" encontra-se sobretudo entre as mulheres. E ela também está presente aqui: na patente, nos originais e no exemplar único.

O clichê "qualidades femininas"

Há mais de um século geram-se continuamente novas teorias e escrevem-se novos lemas, anunciando inequivocamente o "século da mulher". Como motor da revolução atual, vale a situação modificada no mercado de trabalho. A própria propaganda segue a lógica costumeira: uma economia baseada no saber cria novas formas de trabalho e conteúdos, que pedem novas qualidades, as denominadas *soft skills*.

Como reverso da iminente "era feminina", evoca-se o mundo do trabalho, organizado segundo critérios racionais e atravessado por estruturas hierárquicas e patriarcais, no qual tudo gira em torno de autoridade, de dominação, de poder e controle. Quem desejasse progredir aqui o faria melhor como combatente individual insensível por meio de inteligência técnica e lógica calculista. Pode-se proclamar que este mundo estaria agonizando, os séculos passados podem ser totalmente deixados de lado por razões de dramaturgia e, assim, o novo mundo do trabalho "justo da mulher" se mostra muito mais impressionante, com o necessário estardalhaço.

Hoje está surgindo, portanto, um mundo econômico totalmente novo, dependente da troca e da relação interpessoal, e que apela de modo muito especial para as mulheres, para as quais esse universo do trabalho apresenta quase uma espécie de jogo doméstico. Quer dizer, em vez de terem de treinar penosamente essas "habilidades flexíveis", como intuição, facilidade de comunicação ou orientação de grupo – como o fazem seus companheiros de luta nos dias atuais –, as mulheres já trazem consigo essas qualidades de casa. Enquanto profissionais de sentimentos e *managers* de emoções rotineiras, as mulheres puderam continuar aprimorando no coletivo suas "habilidades femininas" desde os tempos mais remotos, e colocá-las suficientemente à prova no âmbito privado e familiar. Graças a essa importante vantagem, elas darão início ao "século das mulheres".

Pode-se até encontrar motivos para a afirmação – superficial e bastante generalizada – de que as mulheres estão à frente dos homens "nas questões ligadas ao sentimento e às relações interpessoais". Contudo, é bem problemático rotular genericamente essas características como "femininas". Enaltecê-las como a grande solução para a necessidade flagrante das empresas é certamente sedutor, mas não deixa de apresentar riscos.

Isso incita a uma divisão entre "masculino" e "feminino" e culmina na dicotomia: razão *versus* emoção, autoridade *versus* convivência harmônica, lógica *versus* intuição. O homem é então o estrategista frio e o pensador analítico, que discute contratos, impõe decisões e apresenta balanços. O território de ação da mulher, por sua vez, limita-se ao "trabalho de relações", cujas ferramentas são as emoções: ela "zela" pelos interesses inter-humanos, cuida da harmonia no grupo, apazigua os conflitos, organiza e motiva os grupos, estimula o intercâmbio, organiza os recados, dirige com suavidade e dá *feedback*. "Aquilo que estudos bem-intencionados atestam como ponto forte em relação ao comportamento de administração feminino em muitos casos parece antes uma deformação sexual. Suaves, compreensivas e orientadas para o grupo, as mulheres ainda se contentam com as migalhas do prato do poder", escreve Barbara Bierach em *Das dämliche Geschlecht* [O sexo imbecil]. Habilidades e qualidades como disciplina, persistência, capacidade de ser bem-sucedida ou ser conseqüente permanecem em geral despercebidas no espectro das supostas virtudes femininas. Assim como também o fato de que a parte feminina da população, nesse meio tempo, é a que possui melhor formação, e essa superioridade decerto se origina de outras qualidades do que somente de terem a sensibilidade na ponta dos dedos e aspirarem à harmonia.

Fixar dessa maneira o sentido e o fim, que as mulheres devem cumprir no mundo do trabalho, cerceia a multiplicidade e a dimensão de suas competências e habilidades, na medida em que elas são julgadas de modo global e tratadas da mesma maneira: às mulheres é destinado um lugar no qual elas podem exercer suas "qualidades femininas"; sua "finalidade de aplicação" já está prescrita. Onde não se exigem qualidades "femininas", conclui-se em contrapartida, não há motivos significativos para dar preferência às mulheres e não dos homens.

Quanto mais essas expectativas específicas são formuladas no comportamento das mulheres, mais elas têm de contar com problemas, caso se desviem do clichê de conduta: é o caso da chefe, cujas tarefas incluem igualmente o uso da sua autoridade e, se preciso, a imposição de decisões contrárias ao desejo de seus funcionários; ou da cientista altamente qualificada que impressiona por sua frieza e inteligência objetiva, e não por sua intuição. Ao mesmo tempo, as "habilidades femininas" tornam-se argumentos a que as mulheres recorrem para "justificar" sua ação: "As mulheres acentuam suas competências comunicativas e sociais, (...) acomodam-se ao esquema e usam suas habilidades femininas especiais para legitimar sua participação no poder – caso tenham conseguido chegar tão longe." É o que observa o estudo *Frauen und Macht* [Mulheres e poder] da consultoria de empresas *Accenture*, para o qual foram entrevistadas mais de 80 mulheres desempenhando posições de chefia.

Esse estudo também mostra que não é bem, como se poderia supor, o emprego das tão propaladas "habilidades femininas" que permite às mulheres progredir profissionalmente. Elas gostam de ser vendidas como qualidades-chave. No entanto, não fornecem a chave para as portas dos andares superiores. Em vez disso, as mulheres entrevistadas na pesquisa citam como atributos de um elemento de liderança qualidades que se tornaram tipicamente masculinas como "habilidades estratégicas e analíticas" e "força de decisão e de imposição", ao passo que as virtudes consideradas "femininas", como espírito de grupo, intuição ou habilidades diplomáticas, ocupam as últimas posições. Aqui também se evidencia uma inversão perigosa: a dominância das qualidades defendidas como "masculinas" leva a argumentar que, em razão de suas características, os homens são mais aptos que as mulheres para exercer o papel de liderança.

Essa lógica acaba desembocando em territórios de ação profissional próprios para o homem e para a mulher, caprichosamente delimitados entre si. As mulheres são declaradas competentes para os ramos e domínios em que são importantes as competências sociais e a força comunicativa. E elas podem perambular pelos planos hierárquicos inferiores, onde não sopra o vento frio do poder, e permanecer "humanas". Por outro lado, os homens ocupam as posições mais influentes nos ramos objetivos e racionais – independentemente do setor. Ao mesmo tempo, em campos profissionais e ramos em que se verifica um aumento da participação das mulheres, observa-se em geral uma atitude de desprezo e depreciação. Tal como ocorreu com o setor de vendas, com as profissões sociais, com a imagem profissional da secretária e, em certas ocasiões, também com o setor de relações públicas, que tiveram seu prestígio e salário diminuídos e dos quais os homens emigraram.

Uma questão de técnica

Antes de apregoar uma nova era das mulheres, seria interessante se empenhar em concretizar o artigo 3, parágrafo 2 da Constituição da República Federal Alemã, que diz: "Homens e mulheres têm os mesmos direitos." Em outras palavras, ainda há muito por se fazer, como mostra a pesquisa da *Accenture*: a participação das mulheres nos andares superiores das empresas fica em torno de 5% nos grandes grupos de empresas; nas empresas de médio porte, por volta de 8%, e nas universidades, na função de professoras doutoras superdotadas, aproximadamente 6,3%. Em nenhuma das empresas alemãs listadas no Dax* há mulheres na presidência,

* *Deutscher Aktienindex*, ou seja, do índice de cotação das ações. [N. da T.]

e a participação geral delas em cargos de liderança é retrocedente em toda a Europa.

Não se vislumbra o avanço de uma inesperada revolta das mulheres pelo poder do tipo: "Oba, agora vocês vão ver!" A igualdade de direitos profissionais, por conseguinte, não surgirá por si só por obra de uma mão invisível, nem pela procura manifesta de "qualidades femininas", evidenciadas em seu esforço. Quem se recusa a deixar de acreditar na grande ruptura e, enquanto ela não acontece, gasta o seu tempo à noite no sofá com leituras nostálgicas de livros que tratam do poder das mulheres e, de modo previdente, manda imprimir na camiseta "idiotices" como pré-anúncio da grande era feminina, na verdade está fazendo uma encenação; todo o estardalhaço não passa de uma atitude desprovida de significado. A expressão "mulher poderosa", por sua vez, tem um sabor desagradável. O rótulo é conferido especialmente às mulheres que alcançam sucesso de modo independente ou ao menos sem a intervenção de um homem. Por sua vez, os homens, que trabalham em uma profissão comparável, sozinhos ou entre seus pares, não podem de modo algum se enfeitar com a condecoração "homem poderoso". Convém perguntar, nesse caso, se essas mulheres eventualmente não precisaram de uma porção dupla de "poder" para compensar o homem "ausente".

O fato de sempre se abrirem novas brechas que mostram que as coisas podem ser de outra maneira não permite, contudo, alimentar ilusões acerca do novo mundo do trabalho, que com sua crença nas hierarquias planas, no trabalho em grupo ou na autonomia é comandado, realizado e tramado quase exclusivamente por homens. E também aqui, agora como antes, existem as resistências sutis, os hábitos arraigados e os clichês idiotas que obstruem a escalada das mulheres.

As mulheres entrevistadas pela *Accenture* que ocupavam posições de chefia também identificaram "uma cultura dominada por homens" como um dos maiores obstáculos da carreira. Ao mesmo tempo, é inevitável adaptar-se a essa cultura e é preciso ter prontas as estratégias necessárias para isso. Quem não segue mais ou menos as regras sutis do jogo terá dificuldades, pois sem elas não se vai muito longe.

Ser "o melhor" na profissão continua a ser, contudo, uma idéia pouco atraente. É precisamente esse o ponto em que insistem as receitas sempre encontradas na coluna "Mulher & Profissão". Aí se trata, como era de esperar, não da mulher e do emprego, mas sim do homem. Seja como modelo, como imagem de inimigo ou bode expiatório, é em relação a ele que se deve reagir, é ele que deve servir de orientação. O colega e chefe masculino torna-se o centro inegável e o alvo em que é preciso se orientar e medir a própria conduta. A maioria dos livros, próximos da prática, voltados para o aconselhamento de mulheres seria composta de páginas em branco caso se riscassem todas as passagens, nas quais diretamente ("Por que os homens mentem?") ou à margem ("Os homens se superestimam, as mulheres se subestimam") se trata do sexo masculino.

Destruição e montagem

O fato de, por motivos táticos, até aqui ser inevitável adaptar-se ao mundo do trabalho cunhado por normas masculinas não pode, todavia, induzir à hipótese de que a cultura dominada por homens seria a solução ideal. Do mesmo modo, não é possível se limitar a desenvolver sem cessar estratégias de como levar vantagem em relação ao fulano ou até de como se tornar a sua imagem.

Mesmo o empresário que reconheceu o valor há muito subestimado da mulher "reserva" e exulta extasiado não pode se abster de primeiro ter de cuidar fundamentalmente de si. E isso é tanto mais urgente na medida em que a Alemanha, em relação à representação de mulheres nos andares de chefia, está muito atrás em comparação com a Europa e torna-se uma desvantagem econômica querer fazer justiça às exigências do mercado com uma cultura dominada exclusivamente por homens. Mas, para atrair mais mulheres para as empresas e ligá-las a elas, é preciso criar condições que lhes permitam poder ocupar-se do seu trabalho sem impedimentos. Crianças, pelas quais a maioria das mulheres ainda é responsável, continuam a ser o ponto fundamental, e assim a promessa de favorecer os "talentos femininos", que os empresários fazem de boca cheia, sem pensar na questão dos cuidados das crianças, não tem sentido.

No que diz respeito à cultura interna e à organização das empresas, a maioria espera de suas funcionárias, com uma naturalidade por vezes ignorante, que não só se adaptem à cultura da empresa de cunho masculino, mas também que sempre se subordinem a ela. E isto tanto mais quanto mais longe as mulheres queiram chegar profissionalmente e quanto mais alto é o degrau em que já se encontram. No entanto, a maioria delas está certamente muito ciente desse "efeito de adaptação" e das concessões que serão obrigadas a fazer com isso.

Todo empresário interessado no envolvimento e no aumento do número de funcionárias terá de se ocupar desses fatos. Se, como empresário, tem realmente um interesse econômico, honesto, no que diz respeito a funcionárias, ele se verá forçado a lhes conceder poder e influência e a integrar na cultura empresarial as suas concepções, qualidades e razões secretas, na medida em que abrir caminho para as mulheres e sua diversidade e lhes proporcionar espaços de ação, que possibilitem questionar a cultura dominada pelos homens, investigá-la com atenção, perturbá-la premeditadamente ou até enfraquecê-la e divulgá-la. Para tanto, não basta levantar pequenas celas, nas quais mulheres dignas de promoção, na qualidade de minoria protegida, possam então apresentar com muito efeito as suas idéias de relações públicas e cuidar de suas próprias vantagens, sem poder influenciar a empresa e suas normas.

Há uma série de motivos favoráveis a que uma cultura empresarial menos alinhada com normas masculinas abra esses novos caminhos, enriquecendo-os e impulsionando-os. Os trabalhos em tempo parcial e os horários de trabalho "flexíveis", que se impõem cada vez mais e que também no futuro continuarão a ser estabelecidos, são, por exemplo, um desenvolvimento apresentado antes de tudo por mulheres.

Além disso, um mundo do trabalho fortemente influenciado por mulheres poderia tirar do programa o repertório – mantido e codificado por homens – que visa causar boa impressão e atrair algum público com o número "Você é aquilo que tem e que consegue fazer". O estudo da *Accenture* menciona como motivos centrais perseguidos pelas mulheres através do seu trabalho: "um trabalho interessante e estimulante", por aproximadamente 80%; a seguir, "alcançar os meus objetivos" e, por fim, "fazer alguma coisa significativa". O interesse pela pura simbologia do poder, vinculado a isso, quer dizer, os motivos como "reconhecimento público" ou "estar do lado dos que venceram" ficam em segundo plano. O próprio trabalho e o próprio rendimento é que constituirão a prova. Assim, seria confirmada a hipótese de que as mulheres estão muito menos preocupadas em ser aplaudidas e não fazem muita questão de um público permanente que lhes segure o espelho e admire o seu sucesso profissional.

Coisas, pessoas, projeções

Da ferramenta ao símbolo

A estética dos nossos dias chama-se sucesso.
Andy Warhol

Uma questão de gosto

Quem, nos dias atuais, começa a trabalhar em uma empresa não precisa mais temer um cotidiano sem graça, enfadonho, com colegas pálidos entre computadores cinzentos, armários embutidos, plantas ornamentais e pisos de linóleo. Esse dia-a-dia já não existe. Mesmo as repartições públicas estão instaladas hoje em edifícios de vidro espelhado e inundados de luz, e os reservados gigantes da burocracia e as máquinas administrativas – tais como as seguradoras e os bancos – não medem esforços para marcar pontos com um ambiente correto.

Como isso era diferente há dez ou vinte anos! A relação de trabalho normal era, em geral, aquela em que o funcionário ocupava um cargo pleno, ao qual ele e a empresa muitas vezes se mantinham fiéis até a sua aposentadoria. Obrigado e condenado a estar presente e passar cinco dias da semana em seu local de trabalho, ele decidiu tornar sua permanência ali – já que não podia ser evitada – mais agradável e, pouco a pouco, começou a levar para o espaço da empresa todas as coisas que tivera de dispensar com certo pesar: as fotos da família, o pôster da estrela nua, retirado do meio de uma revista, e as lembranças de férias enviadas pelos colegas de Tessin amontoavam-se sobre a mesa ou no mural ao lado do plano de trabalho. Torcedores do HSV* e fãs do Bayer divulgavam fotos de batalhas de seus times e a planta ornamental dava lugar a uma plantação pessoal, cujos cuidados, é claro, não eram mais delegados à mulher da limpeza, mas ficavam por sua conta. Calendários com paisagens oníricas e receitas de culinária enfeitavam as paredes anteriormente nuas; das estantes de livros e arquivos, corujas de cerâmica colocadas sobre toalhinhas de crochê olhavam boquiabertas.

Então chegou a nova economia. Mesmo que sua aura, outrora tão maldosamente fascinante, tenha se dissipado e o mito do *freak* da internet, que sem diploma, sem medo e sem se adaptar acumulava milhões, não passe de mais uma anedota da história, seu grande mérito ainda pode ser visto hoje: é somente por intermédio da nova economia que o mundo do trabalho, até então extremamente enfadonho, recebeu enfim a necessária pitada de *sex appeal* e a completa embalagem "*lifestyle*". Se até a metade dos anos 1990 se reservava apenas aos setores envoltos por mitos, como, por exemplo, o da propaganda, a proeza de dotar o cotidiano de trabalho de um magnetismo erótico, atualmente todos podem participar.

Com o estilo de vida, o mundo do trabalho produziu também seu próprio sortimento de produtos e de marcas, que há muito tempo foram introduzidos em *spots*,

* Time de futebol da cidade de Hamburgo. [N. da T.]

malas-diretas e filmes à tarde na televisão. A caneca grosseira da visita ao mercado no Natal, a fotografia do bem-amado e o cartão-postal das férias do colega não pertencem a esse sortimento de produtos. Desde que o mundo do trabalho altamente estilizado possui suas próprias marcas saturadas de significado e símbolos de grande força expressiva, não há mais espaço para esse tipo de acessório simples.

O ABC SEMIOLÓGICO DO MUNDO DO TRABALHO

O escritório amplo está de volta e agora chama-se *loft*. O caráter aberto, amplo e espaçoso de uma superfície de trabalho semelhante enfatiza que os pensamentos criativos e as grandes visões precisam de espaço livre para se expandir e se desenvolver. Quem se senta colado ao outro em cômodos planos horizontais, por conseguinte, é visto como bitolado e pouco inteligente. Nesse sentido, só a garagem, com suas pequenas vagas unitárias, projetadas pela construção civil, conseguiu chegar ao *status* de mito.

De acordo com a cultura empresarial, cada detalhe, por mais banal que seja, é elevado à categoria de portador significativo da imagem exterior da empresa, planejada nos mínimos detalhes: logotipos de tamanho natural como atrativo fazem com que a filosofia da empresa se transforme em escultura; a cor das paredes, cuja relação da mistura fora determinada com precisão no manual corporativo, como chave visual, mostra de forma clara a cada um onde ele se encontra exatamente. A recepção a visitantes e clientes ocorre sem empecilhos: não há pilhas de papéis, nem calendário, nem apontamentos em bilhetes de anotações, mas, em contrapartida, tudo está digitalmente armazenado, de preferência na cabeça: a sociedade do saber manda lembranças.

A disposição das mesas, por sua vez, não dá margem a dúvidas: aqui se trabalha em hierarquias planas; o chefe, certamente tratado por você, está alegremente sentado bem ali no meio ou um pouco de lado, mas de modo algum isolado em um cubículo de vidro, o que fez com que a palavra-chave "transparência" fosse obviamente substituída, permitindo assinalar sobre a lista de controle um "empresa com futuro". Na cozinha encontram-se migalhas dos *croissants* do café da manhã e em muitas mesas há um copo de café com leite. Documentos de projetos misturam-se com folhetos de lanchonetes ou de serviços de entrega de *sushi* e com o convite para a festa *afterwork* semanal. Uma elegância jovial e mais leve tomou o lugar do vestuário severo de outrora. Quem aparece de terno ou de *tailleur* arrisca-se a ser motivo de riso. Roupas conservadoras como essas só serão usadas quando houver um encontro com os clientes em que, não obstante toda a falta de cerimônia, ainda se prefere não correr riscos. Fora disso usufrui-se o privilégio de, sem constrangimento, aparecer no trabalho com roupas que geralmente se usam nas horas livres ou no fim do expediente.

O *flipchart* – um cavalete contendo um bloco de anotações em formato grande – na sala de reuniões deixa claro que aqui se privilegia o trabalho em grupo e a criatividade. Palavras rabiscadas e circundadas de cores e setas desordenadas na capa testemunham o *output* visual do último *brainstorming*.

Como nessa correria não sobrou tempo para o deslocamento indolente e preguiçoso, algumas empresas adquiriram frotas inteiras de *kickboards*, uma variante moderna dos patinetes para adultos, que indiscutivelmente está vinculado com o mundo profissional moderno e estimulou uma espécie de *business-sport*. Nenhum meio de locomoção expressa de forma mais completa a síntese entre o entusiasmo esportista-profissional e o *understatement* manifestado. Como prova de que é possível alcançar um ritmo de trabalho rápido com meios simples e recorrendo ao instinto infantil de brincar, o objeto se estabeleceu como símbolo da nova economia. O jovem e despenteado *freak* da internet, que ficava em pé sobre ele como se estivesse firmemente parafusado, completou o produto. Desde a queda oficial da nova economia, os números de venda do equipamento estagnaram.

Para ter certeza de que o funcionário também tem acesso ao escritório no horário noturno e nos fins de semana, ele recebe solenemente uma chave própria da empresa. Mas o orgulho com essa premiação logo cede lugar à angustiada pergunta: de que nos valem as insígnias de autonomia e de libertação da tutela, se ninguém toma conhecimento disso? Se o *freak* da internet da nova economia inicialmente teve de se contentar com um cordão de sapato, as próprias seções de *merchandising* de diversas empresas há muito tempo solucionaram o problema em grande estilo: chaveiros decorados são lançados em série no mercado e distribuídos generosamente aos funcionários e aos parceiros de *business*. Tal como o *kickboard*, o chaveiro também se origina do sortimento infantil de produtos e marca o limite entre o mundo profissional dinâmico, jovem e imaturo e o mundo do *establishment* econômico. E assim, em volta do pescoço do trabalhador autônomo, balançam no chaveiro colorido também as chaves da empresa.

A empresa moderna caracteriza-se por um alto desgaste em produtos *high-tech*. Novas tecnologias são abençoadas com a reputação de novas, avançadas e inovadoras apenas até encontrarem o caminho para a grande massa. Foi o que ocorreu com o celular, transformado agora num produto democrático acessível a todas as camadas da população e idades, que no início de seu desenvolvimento foi um símbolo certamente útil de modernidade, progresso e da própria importância. Com o passar do tempo, considera-se como privilegiado quem pode se dar o luxo de não ser encontrado.

O *Macintosh* da Apple é preferencialmente o responsável pelo atributo inovador e criativo. Nesse caso, é inócua até mesmo a decisão do fabricante de passar a se dedicar a produtos de massa para ter um superávit significativo de vendas, em vez de continuar colhendo os prejuízos como filho predileto e instrumento de trabalho de alguns poucos especialistas profissionais. Quem martela as teclas de um *Mac* não se limita a rever continuamente um cálculo insosso ou a organizar penosamente listas de telefone. "*Think different*" é como soa o desejo que se tornou uma ordem: o *Mac* exige o *input* inovador e criativo de mentes incomuns. Enquanto instrumento, ele confere a todo trabalho a dignidade de "trabalho criativo" e, ao mesmo tempo, promete a filiação na cena criativa, jovem e legendária dos *designers* gráficos, publicitários e *designers* de tecidos. O computador como caixa cinza sem rosto substitui o dever, o *Mac* promete a liberdade de escolher as próprias tarefas. É fácil gostar dele; ele é amigável e, de acordo com o gosto, colorido, simples ou nobre.

A única desculpa reconhecida para perdoar o fato de não se trabalhar com um *Mac* é o *laptop*. (É óbvio que com um *Powerbook* da *Macintosh* marca-se pontos duas vezes.) O *laptop* possui uma série de característi-cas que fazem com que aquele que se senta em sua frente ou que o carrega consigo de um lado para outro seja recomendado como móvel e flexível e se legitime como onipotente contemporâneo. Em outras palavras: o *laptop* permite realizar simultaneamente coisas que antes tinham de ser feitas uma após a outra. Ele permite trabalhar e, ao mesmo tempo, mover-se: a síntese de mobilidade e de flexibilidade é um dos fatores decisivos para o entusiasmo ilimitado por essa geração de produtos. Mas isso também pode ser mais acentuado. Suponhamos que se faça uma conexão com a internet; com isso, além de ser flexível, móvel e onipotente, consegue-se ser também onipresente. Em algum lugar entre Hannover e Bielefeld, alguém está sentado num trem expresso e, ao mesmo tempo, é hóspede virtual na Bolsa de Nova York ou participa de uma videoconferência em Tóquio. E assim, mesmo quando se está a caminho, trabalha-se a não mais poder para que todos percebam que se aprendeu judiciosamente a lição sobre turbocapitalismo e se conquistou bravamente as virtudes por ele exigidas.

Vantagem diante da imagem

O que se verifica é o seguinte: não importa o que alguém escreve no seu *laptop* e com quem ele se comunica *on-line*. É indiferente se as setas rabiscadas por ele no *flipchart* produzem um sentido ou se é realmente obrigado a trabalhar no trem. O que conta são as informações que os objetos dão sobre ele: "Vejam só, ele é dinâmico, além de capaz de trabalhar em grupo, motivado e um *global player*." O funcionário espera apenas poder enfim mostrar as virtudes insistentemente recomendadas, tais como mobilidade, criatividade ou flexibilidade. Ele exige uma ampla reunião de ofertas e de produtos, cujo "uso" lhe abre as possibilidades de ver a si mesmo e de ser visto pelos outros tal qual a economia deseja: "mostra-me como trabalhas e eu te direi quem és", eis a regra fundamental simplificada. Passar inadvertidamente por um empregado de seguros ou por uma funcionária pública com funções subalternas é visto como uma séria humilhação. Inversamente, um desempregado que, com o *kickboard* e a bolsa do *laptop* a tiracolo, prepara-se para o feriado é visto como politicamente incorreto. Com isso, ele também confirma a tese de que "a escolha individual ou cultural de um gesto provém de uma decisão que, em muitos aspectos, deve ser denominada estética, pois delineia um estilo de vida que não é necessário, mas através do qual o homem ou uma sociedade tira partido da vida e na qual ele, quer dizer, ela, se imagina", como escreve Vilém Flusser em *Dinge und Undinge* [Coisas e não-coisas]. Hoje no mundo do trabalho, em vez de produtos e de ferramentas, manejam-se metáforas e símbolos, e as qualidades propriamente prestativas e bem assentadas do trabalho são as mais questionadas, enquanto a verdadeira produção se volatiliza. O que resta é o gesto indeciso de um faz-de-conta.

A maioria das empresas dedica-se com prazer a essa nova tarefa, que não se restringe a prover os empregados de trabalho, mas exige também que se conceda ao trabalho a qualidade estética desejada. Porém esse desatino de deixar o trabalho se degenerar em jogo simbólico e prover seus funcionários com todos os produtos e pagamentos de que necessitam para se projetar a si mesmos de acordo com certo estilo traz riscos consideráveis. Quem procura a nota estética aposta de uma só vez o sentido, o fim e o conteúdo do trabalho. E a empresa corre o risco de degenerar-se pouco a pouco em acessórios e bastidores vazios. O processo de trabalho em si e a produtividade apresentada caem cada vez mais para um plano secundário. No fim, eles não são mais do que o álibi bem-vindo para justificar todo esse barulho. O trabalho em si torna-se placebo.

Para a incompreensão de uma maioria, o escritório Mair u. a. não tem o menor interesse em ser considerado uma empresa jovem, inovadora e extremamente criativa. Em vez de deixar a empresa se tornar um bastidor e obstruí-la com acessórios da moda, fazemos o possível para não decair em mais uma empresa-de-impulso-jovem desprovida de substância. Isso se expressa em nossa crença de um mundo do trabalho totalmente comum e em alguns regulamentos para os trajes e os tratos sociais. Nós nos limitamos aos meios de trabalho e aos detalhes de equipamento, úteis para levar a termo o trabalho. Assim, criamos espaço para aquilo de que trata o dia-a-dia profissional: o trabalho.

Lastro semântico

Se tenho visões, procuro um médico.
Helmut Schmidt

O grande blablablá

É relativamente fácil verificar se o prego que alguém pregou na parede está bem colocado, se a estante que outro fabricou é estável, se o conserto do escapamento permite pôr o carro outra vez em marcha sem problemas ou se o bolo assado está saboroso. As coisas são diferentes quando, em vez de bolos, estantes ou carros, temos de lidar com informações, conhecimento e prestação de serviços: nesse caso, há certa dificuldade em imaginar e compreender o rendimento e os resultados apresentados, uma vez que eles se tornam abstratos. A maioria dos processos de trabalho compõe-se atualmente de planos, projetos, catálogos de medidas disponíveis, estudos e conceitos, e não de vendas e de produção. Mesmo quando cedo ou tarde se constata que o *software* programado funciona de modo estável, que o centro de saúde tem a aprovação do público e a reestruturação de uma empresa leva a pouquíssimas complicações, o processo de trabalho permanece, contudo, muito pouco visível até esse ponto.

Quem usa apenas a cabeça, as pontas dos dedos e o teclado em vez de criar alguma coisa com as mãos, e elabora planos, estudos e conceitos em vez de estantes, carros ou bolos, é obrigado a apresentar a sua produção de outro modo para ser respeitado e reconhecido. Neste novo trabalho não-objetivo – que não se explica por si mesmo – cabe à mediação e à apresentação da produtividade um papel fundamental: as informações são envolvidas em palavras e em conceitos e, sob o lema da transparência, conduzidas sobre a esteira da comunicação para serem lançadas na luta pela atenção. Ao que parece, não há limites em relação à comunicação; a comunicação é boa por si só, serve para a troca de conhecimento e, por conseguinte, cumpre uma finalidade nobre. "É permitido falar sobre todos os assuntos", dizem os loquazes. "O lema 'o silêncio vale ouro' já está ultrapassado", completam os exibicionistas; "Bem-vindos à 'sociedade da comunicação'", dizem os sabichões. Não importa se se defendem pontos de vista ou se se assegura o próprio cargo; a escolha de palavras e o modo de expressão são os mesmos: impetuosos, importunos e concludentes. O tom faz a música. O bom funcionário é aquele que sempre tem uma resposta pronta, sempre tem uma opinião e participa da discussão.

Desde a entrada dos *meetings* e dos *briefings*, nenhum funcionário se vê mais obrigado a participar da reunião empoeirada, da palestra enfadonha e da conferência maçante. Para que não haja confusão, existem *meetings* de grupo, *meetings* de projeto, *kick-off-meetings** ou *meetings* de clientes, enquanto no *briefing* são comunicados assuntos essenciais, como dados de referência, indicadores, instruções e objetivos. A curta dura-

* Reunião para lançamento de um projeto. [N. da T.]

ção, sobre a qual muitas vezes se planeja um *briefing*, já mostra o pouco significado que muitas empresas dão hoje às definições obrigatórias de objetivos e à colocação de tarefas. No novo formato, não bastam apenas palestras e reuniões. Nos dias atuais, quem deseja se orientar no cotidiano do trabalho precisa se familiarizar com toda uma gama de conceitos. Pois, segundo o *briefing*, de *high-performer* a *community*, com muito *involvement*, *empowerment* e *commitment* no *brainstorming*, trama-se o "*input* criativo". As "necessidades", que com isso afloram, são anotadas pelo *leader* em um esboço de *mindmapping* e reunidas em um *abstract* para uma melhor *work-transparence*, de cujos princípios já no próximo *meeting* serão realçados a "mais-valia" e o "*benefit*". Surge um "conceito estratégico" que deve ser integrado no processo continuado de melhoria (resumidamente: "*kaizen*"*), perseguido com a "estratégia prêmio". Exatamente assim, tal como o *key-account-manager* acentuará mais uma vez no *get-together*. E a votação harmoniosa dos desejos de férias é firmada sob o nome *best practise*. Mesmo a maioria das designações profissionais hoje em voga provoca mais confusão do que esclarece. Quando o velho e bom zelador transformado em *facility manager* faz uma reclamação, realmente não se trata mais de proporcionar uma impressão significativa e compreensiva de um perfil profissional. E mesmo o insípido vocabulário das obras de auto-ajuda encontrou no mundo do trabalho um novo usuário agradecido: na supervisão, trabalha-se completamente motivado a própria inteligência emocional junto com o treinador, bisbilhota-se a dinâmica de grupos ou busca-se

* Estratégia criada no Japão para o aperfeiçoamento contínuo nas empresas, tanto dos executivos quanto dos funcionários. [N. da T.]

na "mediação" – à prova de conflitos como se é – os motivos para a sua "falta de motivação". Caso não se consiga lembrar de nada mais, basta antepor aos conceitos tradicionais do velho mundo econômico sílabas como *new-*, *omni*, *trans-* ou então *multi-*. Tal como o crítico de língua Roland Kaehlbrandt salienta em seu livro *Deutsch für Eliten* [Alemão para as elites], a falácia estimula muitas vezes a "impressionante florescência da imbecilidade": assim, no "trabalho conjunto cooperativo" já se verificam os "apoios centrais" e "*essentials* mais importantes".

Têm boas chances de sucesso as palavras indefinidas ou vazias de conteúdo, os anglicismos nebulosos e as metáforas empoladas, cuja capacidade de compromisso tende a zero. Os conceitos que, como esponjas, absorvem rapidamente toda uma série de possibilidades de significado deixam vago aquilo que foi dito e oferecem espaço suficiente para diferentes explicações e interpretações. Praticamente ninguém se mete mais no apuro de ter de manter a palavra e ser cobrado sobre o que afirmou uma vez. Lembrar em vez de pensar até o fim, discutir em vez de solucionar, instruir em vez de informar: não se deseja mais que se concentre no essencial.

Um excelente exemplo de uma carreira meteórica no mundo dos negócios é o que apresenta a palavrinha *vision*, de que tanto se gosta. Uma visão é precisamente um estado extático para além da razão racional, um pensamento arrebatador casual. Por isso, a visão pode também permanecer tranqüilamente como utopia e ilusão; não requer ações, não persegue nenhum fim concreto e não obriga à concretização. Seu equivalente é o plano, que existe e deixa de existir com a realização. O plano existe porque é realizado; ele precisa levar a realidade em conta, é por ela modificado e pode nela naufragar. O momento concreto e o detalhe convincente, que a visão nitidamente exclui, são os que dão ao plano o seu direito de existência. Os planos são vistos nos dias atuais como embolorados e comuns. Buscam-se o lema persuasivo, o significado vinculado, a idéia salvadora e a explosão ruidosa, que modificam tudo o que é rotineiro.

Uma carreira notável como *buzzword* da moda fizeram de fato também alguns conceitos, que foram autorizados no mundo do trabalho. Assim, o conceito de criatividade foi empregado com tanta negligência ao longo de tantos anos, que seu sentido e conteúdo originais quase desapareceram por completo. Hoje praticamente toda pessoa é criativa: fervilham cabeleireiros criativos, soluções criativas, escritórios criativos, toda uma série de ramos e de perfis profissionais deve o seu nome à criatividade. Ser criativo atualmente não passa de uma questão de focalização e de uma decisão tomada premeditadamente. Dificilmente alguém ainda diria que busca um trabalho sem a aplicação de seu potencial criativo.

No mundo profissional, a finalidade de comunicação hoje já não é mais a de intermediar fatos e acontecimentos de modo tanto quanto possível próximo da realidade, compreensível e preciso, mas distorcê-los lingüisticamente e realçá-los para ter êxito na competição diária em torno do tão batalhado recurso "atenção". Não se trata mais nem mesmo de informações precisas e austeras. O compreensível é o usual e ninguém mais quer saber disso. O mundo do trabalho não só estilizou cuidadosamente o seu ambiente e os funcionários, mas também ajustou um novo *outfit* à comunicação. Prontamente, todos os conceitos que se destacam pela substância, clareza e obrigatoriedade são selecionados e arrebatam clareza e determinação de quem os utiliza. Não há mais espaço para o banal, o objetivo e o pouco digerível. Com isso, a linguagem segue também o mecanismo que já se estende por todo o mundo do trabalho: ela se torna flexível em vez de unívoca, moderna em vez de usual, eufórica em vez de discreta e, sobretudo, imperfeita em vez de objetiva, anunciativa em vez de diferenciada.

A MESA ESTÁ POSTA

Depois que o trabalho foi rotulado com os conceitos certos, dá-se o segundo passo: a apresentação dos desempenhos como uma espécie de exposição de moda dos resultados se desloca cada vez mais para o ponto central e traz consigo logo toda uma série de novos critérios: qual resultado é o mais bonito, qual arte gráfica é a mais dinâmica e qual tese apresenta as imagens mais fortes? Quanto mais animação, multimídia, *dolby surrounder* e interação, melhor. Quase se tem a impressão de que só um resultado bom de se ilustrar é também um bom resultado.

Quem consegue reunir na sua *homepage* individual fotos da família, artes gráficas animadas e um "bem-vindo" que corre de um lado para outro na tela também não deixará de abrigar em seu trabalho essa forma de ocupação caseira da época atual. E, uma vez que no mundo do trabalho as competências interdisciplinares e disseminadoras de especialidades são hoje muito procuradas, essa pessoa será até mesmo encorajada a desfrutar o seu novo *hobby* também no trabalho. Para tanto, o computador do funcionário dispõe de pelo menos dois programas de tratamento de imagens. Isso simplesmente faz parte do bom-tom, mesmo que para o seu trabalho, a bem da verdade, ele só precise de um editor de textos.

Portanto, assistentes de *marketing* escaneiam fotos com sofreguidão e tornam o céu um pouco mais azul do que costuma ser; corretores de seguro constroem gráficos redondos de cores intensas; consultores de empresas enfeitam seus documentos de conferências com setas dinâmicas; e fornecedores de azulejos se ocupam com obras de arte multimídia confeccionadas em *Powerpoint*. Com tanto empenho, o *designer* gráfico ou o criador de mídia é considerado superficial. Depois de ter determinado o projeto gráfico, os funcionários são convidados a puxar todos os registros do *software*. Nesse momento, as linhas diretrizes projetadas e os fundamentos, que nem chegam a ser aprendidos, são desprezados. Aquilo que na arquitetura seria impensável e o que casas inabitáveis sem estática, janelas, portas e escadas significariam aqui há muito tempo já é *status quo*. O que é possível é feito.

A visita a seminários, congressos, ciclos de conferências, reuniões da presidência e apresentações de projetos permite então admirar o resultado desse impetuoso prazer criador: um fogo de artifício incontrolado da alardeada multimídia. Projetores de transparências e aparelhos de *slides* há muito já aterrissaram no lixo seletivo, cópias e fichas de papel já pertencem ao passado. Quem quiser pode se inscrever em uma lista de nomes e recebe por *e-mail* uma cópia da conferência – mas também precisa contar com o fato de, sem ser consultado, ser bombardeado com *newsletters*, que trazem um relato das outras atividades do remetente. Textos formulados com cuidado e precisão são, nos dias de hoje, uma verdadeira raridade. Os *slogans* e motes lançados na parede pelo projetor de multimídia substituem a argumentação enfadonha, o discurso contraditório e a tese difícil. Para que aprofundar, uma vez que não se deseja aborrecer ninguém? Além de não prejudicar, um pouco de entretenimento e de variações prende a atenção dos ouvintes. Já se encontrou a expressão correta para isso: "presença intensiva e eficaz".

CONTEÚDO EM VEZ DE EMBALAGEM

Quando o assessor de recursos humanos conseguir construir gráficos em *Powerpoint* com setas que voam descontroladamente de um lado para outro, ele o fará e praticamente ninguém poderá detê-lo. Quando o diretor de projetos traz consigo alguns vocábulos em voga do treinamento de funcionários, então ele não vai deixar de, na primeira oportunidade, frisar com eles o seu desempenho. Com isso, a ambição de efeito assume, às vezes, formas absurdas: quando, em sua reunião anual, uma associação de classe ligada ao setor de carnes apresenta um relato sobre os prejuízos das vendas do ramo, as informações decepcionantes não serão nem um pouco alteradas se porquinhos cor-de-rosa em desenho animado pularem permanentemente sobre o balanço projetado na tela.

Diante disso, como parece modesto Uffe Elbaek, diretor da Kaos Piloten, uma escola da Dinamarca internacionalmente conceituada no âmbito do *management* criativo. Segundo a revista *brand eins*, de janeiro de 2001, ele deixou os organizadores de uma conferência multimídia em completo alvoroço ao solicitar para sua exposição um tradicional retroprojetor. É claro que não havia nenhum aparelho desse tipo por lá, mas certamente estava disponível qualquer outro equipamento imaginável para uma apresentação de multimídia.

Karl Lagerfeld, em entrevista para a revista *Süddeutsche Zeitung*, n. 22/2000, descreveu uma vez a criatividade como "uma espécie de justificação dos honorários": "As pessoas alegam um estilo de vida irreal ativo e excitante, para que possam pedir salários excessivamente elevados." E Michael Lenz do escritório Heine/Lenz/Zizka, perguntado pela revista *Page*, em março de 2002, sobre a razão do seu "rendimento criativo", respondeu que abdicou dos conceitos de "visão" e "criatividade".

É preciso pôr um ponto final na inflação e no polimento inescrupuloso de informações e de conceitos, pois, além de serem insignificantes e excessivamente retumbantes, se fazem à custa da substância e do conteúdo. E muitas vezes as coisas são, na verdade, mais complicadas e não cabem em algumas transparências. O conhecimento real costuma ser complicado. Exige esforço e concentração proporcioná-lo e compreendê-lo. Menos é aí muitas vezes melhor que mais, pois em geral todos os gráficos coloridos do *Excel* desviariam do conteúdo em vez de realmente elucidá-lo. O importante é *o que* se diz, e não *como* aquilo foi dito: têm prioridade tanto os resultados quanto o caminho que conduz até eles.

Quem deseja satisfazer todas as exigências econômicas e sociais precisa esclarecer com precisão e compreender exatamente o seu conteúdo. O que se busca são conceitos obrigatórios e inequívocos que não deixam dúvidas sobre seu significado e os que facilitam a compreensão. Quem utiliza um texto claro e chama as coisas pelo nome precisa contar com o fato de ser tomado ao pé da letra e medido a partir disso. Quando *aquilo que* se diz voltar a ter caráter obrigatório, então muitos também irão ponderar antes exatamente o que vão dizer. Poderia ser arriscado manter o comportamento muito difundido de, na noite anterior, montar rapidamente sua palestra a partir de alguns velhos conceitos e textos com o método "copiar e colar" e maquiá-la com algumas figuras do banco de dados.

Em vez de ficar mexendo durante dias na animação de porquinhos, em setas e gráficos coloridos e decorar os novos vocábulos preferidos do ramo, o escritório Mair u. a. prefere trabalhar com o conteúdo. Deixamos de suprimir frases porque "estouram" a arte gráfica e não substituímos "complexidade" por "caos" somente porque caos tem oito letras menos e a frase caberá então em uma única linha. Ao entusiasmo insaciável por metáforas enfáticas, gírias técnicas de *marketing* e descrições profissionais progressivas confusas, contrapomos razão e, com isso, uma escolha de palavras precisa e compreensível. Nisso nos auxilia um "catálogo de 'palavrões'", que elenca todos os conceitos como "flexível", "criativo", "*benefit*", "transparência" ou "*meeting*", cuja utilização oral ou escrita é tabu no âmbito do escritório. Nós nos esforçamos por reproduzir conteúdos, juízos, opiniões de modo claro e inequívoco, não tornamos o complicado mais simples do que é, e deixamos o banal ser banal.

A cultura na empresa

Empresa com personalidade

Morrer arruinaria minha imagem.
Jack Lalanne, o papa do *fitness*

Cultura como elemento de construção

Nos dias de hoje uma empresa não é mais simplesmente uma empresa. Decisiva é a sua chamada cultura, que a torna inconfundível. Seus valores e modelos fundamentais, a história da origem, seus fins e coesão e o trato dos funcionários: tudo isso deságua no grande projeto geral que se criou, denominado "cultura empresarial". Esse tesouro foi construído nos anos 1970 e, tanto antes quanto agora, é um dos produtos que melhor floresce em nossa época. É graças à sua cultura que a empresa se torna um microcosmo autônomo com perfil inconfundível e filosofia própria e, por conseguinte, cobiçada e *sexy*. O *sex appeal* atua também no sentido interior: o funcionário mostra-se orgulhoso de poder fazer parte de uma empresa assim e logo manifesta muito mais envolvimento. Ou, nas palavras de Peter Drucker: "Toda empresa precisa de objetivos simples, claros e unificadores. Estes necessitam ser ligeira e suficientemente desafiadores e compreensíveis para fundamentar uma visão comum. Quando nos dias atuais falamos com tanta freqüência em cultura empresarial, na verdade estamos nos referindo ao *commitment*, que perpassa toda a empresa, a primazia dos fins e dos valores comuns." A cultura empresarial baseia-se normalmente em diferentes módulos, que, em 1978, os consultores do McKinsey desenvolveram em seu "modelo dos 7 S": de um lado, estariam os fundamentos inflexíveis *strategy*, *structure* e *systems* e, de outro, elementos como *style*, *staff*, *skills* e os *shared values* ou também *superordinate goals* como os valores flexíveis e os *softwares* da empresa, que colocam isso em marcha e o mantêm maleável.

Uma empresa que até aqui não tenha se preocupado muito com sua "cultura", em geral se contentava em salientar seu espectro de rendimento, em acentuar as qualidades e especificidades "técnicas", em remeter a experiências e referências e em enriquecer essa coleção com dados. Hoje se exige muito mais. Quem não deseja naufragar no mercado superpovoado e confuso depende de ser notado e tem de lutar por atenção. Atualmente nada parece ser mais imperdoável para uma empresa do que não deixar uma impressão permanente atrás de si. Para ser notada, ela precisa, em primeiro lugar, de uma superestrutura tanto sedutora quanto filosoficamente promissora, na qual todas as suas características específicas se juntam em uma obra de arte totalmente simbólica, tal como uma peça de mosaico. A empresa surge como um todo harmonioso e com identidade inequívoca. Esta não é apenas uma premissa para grandes trustes, mas vale também para o fabricante de assoalhos em Castrop-Rauxel, para a cadeia de livrarias da Suábia e para a fábrica familiar que, até aqui, funcionou sem dificuldades. Para não deixar nenhuma dúvida sobre a identidade inconfundível e inequívoca da empresa e acentuá-la em todas as oportunidades, torna-se muito mais importante quanto mais diferenciada e descentralizada a própria empresa passa a ser. Os contornos – que em processo atualmente tão apreciado de diluição, fluidificação e reorganização ameaçam empalidecer cada vez mais as empresas – são desenhados pela cultura empresarial com linhas cada vez maiores e mais grossas. O objetivo é alcançado quando se delineia uma imagem significativa e eficaz, com a qual tanto o *knowlege worker* móvel em seu *home office* em Kempten quanto o diretor de projeto na central das empresas coligadas em Londres se familiarizam e podem dizer com toda a clareza: sim, esta é a minha empresa, é assim e não de outro modo que a conheço. Acrescenta-se a isso que um número cada vez maior de empresas produz cada vez menos produtos palpáveis, mas oferece informações, conhecimento ou prestação de serviços. Isso torna cada vez mais impossível para o funcionário construir uma relação com a empresa, passando pelos produtos. Um trabalhador ou *manager* na Ford, que pode falar do produto da empresa, sentar-se nele e andar de um lado para outro com ele, tem menos dificuldade em se identificar com a empresa do que o trabalhador mais erudito que não tem nas mãos muito mais que uma grande quantidade de dados e de papéis de rascunho, por mais que estejam embelezados com tantas setas coloridas.

Ainda mais negligente é deixar a "identidade cultural" da empresa por conta do acaso. O que se pretende é algo importante, e todos devem saber que se é uma empresa moderna e com futuro. Um mínimo de empresas atua com discrição nesse caso e se dá por satisfeita com o que realmente é e com o que pode. Em vez de se atormentar com a "cultura-do-ser", toda a atenção se volta para a "cultura-do-dever", para o objetivo auspicioso, ao qual, do *office-boy* ao gerente, todo o pessoal deve se reunir sob a bandeira da cultura empresarial. Rapidamente tem de surgir uma imagem-guia que dê a entender inequivocamente como se chegará a ser e onde se deseja ir. A visão da empresa esculpida na imagem-guia esclarece de uma vez por todas que ali nenhum dos funcionários ocupa um simples emprego, mas tem uma missão a cumprir. A imagem da empresa que tudo determina, que – do gesto banal ao papel de carta – deixa clara a sua singularidade e a realça, torna-se *corporate identity*. E esta permite continuar a ser alimentada à vontade e fragmentada: os valores vividos da empresa tornam-se "*corporate culture*", o comportamento manifestado em "*corporate behavior*" e por último falta apenas o *corporate design*, para emprestar ao todo a correta elegância.

A IMAGEM É TUDO

O que vale para a água mineral ou o iogurte é, atualmente, também uma premissa para toda empresa. Esta é elevada à condição de marca e precisa passar pelo mesmo procedimento de *marketing* e *styling*, a que costuma ser submetido todo produto que não deseja continuar a ser apenas um entre muitos, mas quer sobressair. Em vez de se esforçar para causar impressão em clientes no supermercado, isso influencia o funcionário, os candidatos em potencial ou os comitentes.

Já foi o tempo em que cartões de visita, papéis de carta e canetas com o nome da firma impresso ainda apresentavam uma empresa externamente e a obrigatória garrafa de vinho com felicitações de Natal personalizadas ainda causava uma boa impressão. Também os "funcionários do mês", tal como hoje ainda podem ser eventualmente encontrados nas portas de entrada das lojas de móveis e das redes de *fast-food*, bem como o dia da visita à empresa, aberta ao público, serviram como medidas para maior transparência empresarial e motivação de funcionários. Os que ainda continuam a acreditar que deixam atrás de si uma impressão duradoura quando, esporadicamente, dão informações internas a alguns jornalistas ou um generoso donativo da empresa ao orfanato do fim da rua merecem apenas um sorriso cansado do adepto da empresa.

A *corporate identity* é onipresente. Elevada a "estilo de vida", a pronta conversão de identidade e cultura tem a mais alta prioridade. O orçamento necessário para tanto é prontamente colocado à disposição. Exércitos inteiros de conselheiros e de analistas são guiados pela casa para, em um cansativo e minucioso trabalho, retocar o mito de empresas e pavoneá-lo com anedotas e outras extravagâncias. Nesse caso, o funcionário também não deixa de ser incomodado. Como parte da cultura, ele obtém um direito de opinar bastante especial e pode colocar à prova sua "participação ativa", preenchendo um questionário-padrão quantitativo. Encarregados corporativos com volumosos catálogos repletos de disposições impressas em letra minúscula e de linhas diretrizes constitutivas abarcam todo o cosmo da empresa caprichosamente em símbolos. *Slogans* crepitantes são transformados em anúncios, filosofias empresariais eficazes são formuladas livremente, passando ao largo dos fatos, imagens-guias expressivas são projetadas e impressas em palavras. Até mesmo o papel de *fax* derrama o "*spirit*" esplêndido da empresa. Em histórias temáticas, seqüências de fotos e auto-informações íntimas, mostramos franca e orgulhosamente quem somos e como trabalhamos. Não há nada a esconder. Dedica-se atenção especial à bíblia de toda empresa impregnada de *corporate*: a auto-representação. Exclusivamente por isso amplia-se a equipe, abarcando jornalistas, conselheiros de partido e estudantes de filosofia, que conjuntamente realçam de modo estilizado os dogmas da empresa em palavras e imagens.

Para que a empresa enquanto marca se mantenha sempre com imagem autêntica no topo da moda, ela necessita de fórmulas milagrosas bem atuais. Com isso deu bom resultado enriquecer a cultura empresarial com filosofias e visões que, sob *slogans* como "organização aprendiz" ou "*change management*", são elogiadas no "supermercado" das qualidades empresariais.

É certo que a moda muda rapidamente, o que ontem ainda estava na moda, amanhã já pode estar fora dela. Há alguns anos ainda estava em moda o mito do jovem criador na garagem ou também no *loft* do pátio interno e o ambicionado rótulo "nova economia" ou "*start-up*" oferecia boas condições para poder ser usado na sua imagem da empresa. Nos dias atuais, em contrapartida, ser adepto ou até pioneiro desse movimento chega a ser quase uma calúnia. Nas prateleiras da nova economia no supermercado das imagens empresariais reina, nesse meio tempo, um incômodo vazio. A maioria das "marcas", que há alguns anos ainda surripiavam a clientela dos outros, foi transferida em grande estilo; o resto está completa e totalmente empenhado em arrancar o rótulo de nova economia. Mesmo que hoje em dia, por razões táticas, pareça ser pouco inteligente ficar se gabando com o charme do já esgotado *loft* do pátio interno, os conteúdos, valores e princípios popularizados com grande alarde pela nova economia não perderam força explosiva e apelo sexual.

Muito pelo contrário: tanto antes quanto agora, de bom grado servimo-nos abundantemente de suas conquistas. Desde os anos 1980, quando os cenários de *corporate identity* brotavam aos montes, não havia mais tanto assim a se fazer. As turbulências da "revolução econômica", na qual uma e outra empresa entrou, exigiam amplos trabalhos de renovação e de reconstrução; nos valores e nas visões empresariais em voga, não se devia evitar um saneamento básico total da fachada *corporate identity*. Isso tinha de ocorrer rapidamente e, de preferência, *ad hoc* e antes mesmo de se compreender o que estava acontecendo.

E assim a maioria das empresas encerra com orgulho algo que teve início na nova economia: ser liberal e progressista, certamente orientado para a cooperação, e fazer de tudo para elevar a criatividade e a motivação. Livrar-se das coações e das estruturas de comando e defender uma convivência em igualdade de condições; dar tudo de si para alcançar um máximo em flexibilidade e capacidade de inovação e estar aberto para o novo, para os desafios e os riscos. É óbvio que é preciso ser jovem e otimista e dar conta do trabalho com altas doses de bom humor. Ao mesmo tempo, nem sempre é suficiente enfatizar que não apenas se deve seguir essa moda, mas também estar totalmente à frente dela, dar o tom e, em um ou em outro setor, dispor ao menos de um lugar de destaque.

Mesmo quando a trajetória da maioria das empresas sobreviventes mostra-se correta até em seus ajustes sazonais e suas sutilezas, a histeria não sofre dano algum. A insegurança permanece, a procura de orientação é grande e, assim, reina em muitas empresas o "*management by the last book read*".

No momento, gozam de grande popularidade as histórias de animais mescladas de auto-ajuda: na lista de *best-sellers* da *Wirtschaftswoche* [Semana econômica] encontra-se *Quem mexeu no meu queijo*, campeão de vendas americano, de Spencer Johnson, que fala de ratos e de anões que saem em busca de queijo. Outro livro desse tipo é *A Peacock in the Land of Penguins* [Um pavão na terra de pingüins], de B. J. Gallagher e Warren H. Schmidt. Ele fala de pingüins que permitiram que o colorido pavão os ensinasse a voar.

Por mais simples que sejam as receitas anunciadas de ensinamentos de *management*, sua transposição fidedigna para a prática do objeto vivo "empresa" quase sempre se mostra muito mais complicada do que se pensou no começo. Aproximadamente 9 mil diferentes princípios de *management* foram criados nos últimos vinte anos, embora a organização Gallup, em uma ampla pesquisa, não tenha encontrado nenhum tipo de provas de que um desses conceitos tenha se mostrado eficaz.

Isso não parece ser tão trágico assim, embora exista a função oculta, ou melhor, desconhecida, das receitas de *management* menos em sua transposição total do que em sua função fundada em orientação. O fato de sempre se encontrarem instruções apropriadas pode ser atribuído ao mesmo motivo da popularidade de horóscopos e psicotestes: a busca pelo sentido, que tanto os horóscopos como as instruções de *manager* proporcionam, na medida em que selecionam as relações tal como Stefan Kühl aponta em *Das Regenmacher-Phänomen* [O fenômeno do fazedor de chuva]: "A utilidade oculta das imagens-guia, atualmente tratadas, reside no fato de fornecerem orientação aos funcionários em uma situação de grande insegurança. Assim como há dúvidas reais de que fazedores de chuva realmente fazem chuva, duvida-se que os princípios de uma 'boa' mudança organizacional conduzam ao sucesso das medidas de transformação planejadas."

O LADO BOM

Se todos os preparativos estão prontos, então chegou o dia da festa e a *corporate identity* revestirá a empresa. A nova e bela indumentária só raramente assentará como uma luva. Aqui e ali ainda será preciso fazer alguns ajustes; se não for possível, valerá o princípio: tudo é uma questão de tempo. Uma vez que, ao se acostumar a isso, já não se imagina mais que outrora fora diferente. A imagem-guia não está tão distante, a grande visão dentro de pouco tempo será realidade. O funcionário e a identidade recém-estilizada da empresa precisam, em primeiro lugar, crescer juntos.

Como, através do novo cartão de visitas, sua imagem profissional também se alterou – ele é agora assistente de recursos humanos e não mais aprendiz do departamento pessoal –, o funcionário se acostumará. Porém, quando cair em suas mãos o material de divulgação da empresa, que à primeira vista parece constituir a oferta de um curso de meditação ou um seminário sobre o significado dos sonhos ou ainda material de informação da Cientologia, a confusão será grande. Em vez de informações instrutivas há uma grande quantidade de fotografias que mostram, por exemplo, o chefe no meio de um labirinto de vidro na quermesse da cidade vizinha (palavra-chave: transparência) ou o *controller junior* sondando o recém-montado alvo para dardos na sala de espera ultimamente denominada "*free aerea*" (palavra-chave: alvo certo). Os rendimentos precisos da empresa ou até a própria atividade serão citados, se o forem, somente à margem. Os fatos limitam-se à elaboração disfarçada dos números de vendas, inteiramente voltada para a admiração do funcionário, que só na semana passada ouviu um "tempos difíceis para todos nós" para explicar as economias pessoais adiadas.

Mas isso é só o começo. A apresentação dos valores da empresa em forma de anúncio não resolve a questão. A recém-implantada *corporate identity* revela seu verdadeiro espírito somente com a *corporate culture* e o *corporate behaviour*. Aqui se mostra a verdadeira face das promessas e, com isso, quanto o já desgastado mito da cultura empresarial e a realidade empresarial se encontram realmente separados um do outro. Mas a imagem encenada com muito cuidado precisa ser apresentada e, dia após dia, exige-se algo tanto do empresário quanto dos funcionários. Na qualidade de apresentadores principais, também cabe a eles fazer com que a peça "cultura empresarial" seja levada ao palco com sucesso. Como a realidade e a visão geralmente se encontram a quilômetros de distância uma da outra, todo o trabalho se torna um exercício difícil.

Muitas vezes o próprio empresário se enreda nas ciladas de sua filosofia inventada. Pois agora cada uma de suas decisões – da escolha de seus sapatos até a seleção das palavras que vai usar – precisa corresponder a todos os valores empresariais superlativos, justapostos na bíblia da auto-apresentação. Nesse caso, talvez seja suficiente comunicar sem meias palavras ao estagiário – anteriormente informado de que poderia dirigir-se diretamente ao chefe com propostas criativas (clima de trabalho criativo e hierarquias planas/brochuras empresariais, cf. p. 12 em diante) – que este é um péssimo momento para esse tipo de formalidades e para ser rotulado como aquele que coíbe mudanças, comportando-se como chefe. Tudo isso não é um empreendimento fácil, especialmente porque, de passagem, também é tarefa do empresário ganhar clientes, trazer encomendas externas, selar projetos, resistir à concorrência e, com isso, ainda apresentar um crescimento contínuo e um movimento comercial respeitável. O que poderia colidir em alguns pontos de modo mais ou menos compreensivo com o seu papel de *leader* motivador e visionário sempre cheio de entusiasmo.

Cedo ou tarde, uma empresa como essa, em razão do acordo deficiente entre sua "identidade" realmente amadurecida e a imaculada *corporate identity*, tem de deparar com um transtorno de personalidade e de comportamento. O diagnóstico freqüente chama-se então "cultura empresarial esquizóide", que se estabeleceu como conceito consolidado.

Esse transtorno reflete diretamente no funcionário, cuja percepção refinada para o que aparenta ser e o que é não deve ser menosprezada. Ele compreende diretamente o que resta no dia-a-dia da crença na autoresponsabilidade, confiança e co-gestão e em que medida estão de acordo o mito encenado com grande esforço para o exterior e o mundo do trabalho efetivo. Nas divergências públicas, freqüentes quando pretensão e realidade não querem se juntar, tomam conta a decepção, a ironia e o cinismo. O chefe se desmoraliza em figura humorística e a cultura empresarial em farsa. As conseqüências são previsíveis: funcionários que calculam ter boas chances no mercado livre juntam suas coisas e vão embora, para tentar a sorte em outro lugar.

Dentro do previsível

À primeira vista, muitas empresas já revelam uma surpreendente "paisagem cultural" monótona e sem contradições. Não se percebe nenhuma variedade ou diferenciação real. O que se vê, ao contrário, é sempre a mesma massa uniforme que, em ação, são sempre os mesmos inevitáveis atributos, as visões e os valores selecionados pela empresa, ao menos se pretende apresentar-se como *sexy* e desejável. Se todas as empresas seguem o ditado da moda econômica e se mostram extremamente criativas, inovadoras, orientadas para a cooperação, jovens e dinâmicas, propagando gracejos e auto-responsabilidade, derrubando hierarquias, e se todos os materiais de divulgação da empresa desfiam os mesmos valores com a mesma estética, ocorre exatamente aquilo que se procurou evitar de todas as maneiras: a empresa se torna permutável, monótona e mediana. Nesse sentido, elas também poderiam ter se poupado de todo o projeto "cultura empresarial".

Em vez de cair em poder da sedutora cultura empresarial e seguir o seu caminho errado, muitas empresas estariam agindo de maneira correta se primeiro exercitassem a modéstia e, com filosofias e crenças, procurassem manter certa reserva.

Quem ainda se contenta com qualquer cultura empresarial abstrata, sem relação direta com o cotidiano da empresa, põe em risco algo que no futuro servirá novamente de critério de avaliação da empresa: sua credibilidade. Ilusões e promessas vazias infelizmente só duram até ser desmentidas. Quem estiver interessado em, a longo prazo, manter os funcionários na empresa não pode deixar de dizer claramente como as coisas estão. Com isso não se trata de ser, tanto quanto possível, humano e autêntico, mas sim de confessar que só se pode fazer o que é possível. Em vez de se envolver em uma aura do especial e espetacular, não se deveria negar a mediocridade e a medianidade do dia-a-dia de trabalho, que não podem ser anuladas, balançando a cabeça com indignação. Uma imagem esplendorosa pode influenciar e prender os clientes. Com os funcionários ocorre algo diferente. Gostamos de vender a eles a ida à copiadora como *happening* ou a conversa ao telefone como um passo adiante para a grande visão – esses trabalhos, apesar de tudo, continuam a ser o que são: atividades necessárias, rotineiras e, muitas vezes, banais, encontradas em toda empresa.

Isso não significa negligenciar tranqüilamente a "aparição" propagandística da empresa. Esta deveria realmente apresentar a "si mesma" e retratar-se para ser tangível para seus funcionários e clientes. Mas não se deveria esquecer que a imagem proporcionada fornece tão-somente um pequeno recorte da empresa, quer dizer, precisa fornecer para funcionar. Exatamente porque só pode reproduzir uma parte da complexidade e da peculiaridade da empresa viva, um perfil desse tipo deveria limitar-se ao essencial, ou seja, em pontos de apoio e informações, tais como campos de atividade, modos de trabalho ou clientes. A difusa neblina de "*corporate identity*", que envolve a maioria das empresas, precisa ser substituída por informações apropriadas ao cotidiano e por uma imagem-guia que cumpra sua finalidade original: demarcar limites, formular premissas de comportamento, oferecer orientação e fixar metas. Somente depois de as características e qualidades da cultura e da identidade empresarial terem sido formuladas precisamente, é que o funcionário poderá reclamá-las e com elas avaliar a empresa. Diferentemente dos valores porosos e das visões abstratas, que se prestam ao desenfreado mascatear, uma vez que, afinal, ninguém pode prová-los: quem é capaz de dizer com toda a certeza qual a transposição concreta de um "clima consensual de confiança" ou da "jovem equipe apaixonada por trabalho" e o que se esconde por trás das "provocações muito interessantes"?

Em lugar do ideal inatingível de uma *corporate identity* superlativa e bombástica, no escritório Mair u. a. entra o não-espetacular, o dia-a-dia bem comum e os desempenhos da empresa. Nós nos poupamos e aos nossos funcionários de suscitar expectativas com promessas que não podem ser cumpridas ou só podem sê-lo com muitas despesas. Em vez de seguir os *trends* que os enormes catálogos do mundo econômico publicam, e ir com o resto da empresa no *partnerlook*, preferimos ser anacrônicos e nos concentrar em nosso trabalho. Em vez de nos ocupar com visões porosas e imagens-guia reluzentes, permanecemos nas informações e nos esforçamos para esclarecer a cada funcionário individualmente o que a empresa pode oferecer-lhe, quais das suas expectativas ela pode cumprir e quais não. Esperamos, portanto, que alguém se candidate a uma vaga em nossa empresa ou nos faça uma encomenda com base em nossos rendimentos e em nossa forma de trabalhar, e não por se sentir atraído pelo espírito da empresa ou por pretender fazer parte de uma cultura.

Cultura como elemento de união

Aprendi a desconfiar profundamente de todo sentimento de "pluralidade".
KONRAD WEISS

A combinação perfeita

A tão inflamada "guerra pelo talento" acaba vencendo alguns empresários. Eles sabem que, além de raros e muito cobiçados, bons funcionários são também muito exigentes e mal-acostumados. E poucos interiorizaram a reiterada intimação a se verem apenas como empresários autônomos e a buscarem um lugar para realizar suas pretensões e idéias. Acostumados a escolher para qual empresa vão disponibilizar sua força de trabalho, eles examinam cuidadosamente as ofertas e filtram o que lhes é apropriado. Especialmente para a geração mais jovem de trabalhadores – e com freqüência muito cobiçada – a lealdade, em geral, se perdeu entre *start-up*, biografias amadoras, Eu-S/As e estudos. A expressão "jubileu de serviços prestados", por sua vez, poderia ter hoje um efeito de intimidação sobre a maioria dos jovens funcionários. Em vez de se sentirem comprometidos com uma empresa, cada qual cuida primeiro de si.

Se o *headhunter* contratado conseguiu finalmente atrair a atenção de um candidato cortejado, e a empresa o agrada, ele está prestes a fazer sua escolha. Contudo, ainda pode recuar a qualquer momento e desistir. Para atrair o funcionário cobiçado, o empresário precisa ter criatividade. Promessas como hierarquias planas, responsabilidade e um clima de trabalho menos tenso já estão hoje desatualizadas. Da mesma forma, um bom salário e um campo de atividades interessante não têm nada a ver com isso. Pelo menos não com o que é decisivo.

A decisão de um candidato a favor ou contra uma empresa depende hoje de "como" a empresa atua e não de "qual" atividade oferece. O candidato quer saber se conseguirá se sentir bem ali e realizar-se pessoalmente, se a filosofia empresarial pode ser adotada também como lema pessoal de vida, se os colegas estão tão dispostos quanto ele "a fazer alguma coisa" e se o trabalho oferecido poderá ser exibido orgulhosamente pela região. E por isso a empresa, com seu "*employee value proposition*", com o feixe de estímulos e promessas sedutoras, precisa assumir um foco tanto quanto possível vantajoso, quer dizer, lançar mão de todos os recursos e pôr em prática todas as técnicas de sedução para dar água na boca do candidato e levá-lo à tentação. Nessa altura, a empresa deveria apontar com mais freqüência para o fato de que em suas fileiras apenas a *crème de la crème* das forças de trabalho segue sua missão.

Se o cortejado finalmente foi fisgado e o chefe de recursos humanos se alegra com seu "sim, aceito", isso ainda está longe de ser um motivo para se sentar comodamente e relaxar, pois agora começa a segunda fase de todo o processo: depois que a caça e a captura foram bem-sucedidas, é preciso cuidar da manutenção. E esse é o exercício mais difícil, como já se sabe por experiência própria. Especialmente a partir do momento em que o empresário se deu conta de que o funcionário recém-conquistado nunca lhe pertencerá de modo "completo e total". É constante o perigo de "seu" funcionário flertar com outra empresa, decidir espontaneamente trabalhar por conta própria ou receber uma oferta sedutora, à qual simplesmente não consiga resistir.

Então, como manter um funcionário de valor na empresa de modo que ele não sucumba a qualquer outra tentação e o abandone? Essa pergunta é motivo de grandes dores de cabeça para empresários, gerentes e chefes de recursos humanos. Parece que se encontrou a resposta.

A EMPRESA COMO FORNECEDORA DE SENTIDO

A cultura empresarial com seus valores que exigem auto-realização e responsabilidade e suas visões aparentemente humanas tem na bagagem exatamente aquilo que tantos colaboradores e candidatos buscam: uma porção de ofertas de identificação prontas para ser usadas.

Movido pela nostalgia de finalmente encontrar a tampa certa da panela, um trabalhador deseja ansiosamente um empregador que não lhe dê apenas trabalho, mas também um sentido, que acabe com sua insegurança e prometa filiação, certeza e clareza. A cultura empresarial, impregnada de significados, toma sob a sua proteção o funcionário vagando desorientado e, num abrir e fechar de olhos, faz com que caia em seus braços e se deleite com seu abraço. Como consegue isso? Por meio de um sistema subtilizado, ela proporciona sentido e orientação e ao mesmo tempo reafirma o funcionário como pessoa. Distanciada do trabalho, das obrigações e da rotina, ela fortalece a união e, por conseguinte, aquilo de que uma empresa nos dias de hoje depende: do "sentimento de pluralidade".

Para que o funcionário incorpore pouco a pouco as metas da empresa como suas, para fundi-lo com o "nós" da firma, o estilo de chefia "dialógico" e "cooperativo" comprovou sua utilidade por meio de suas aquisições como "responsabilidade" e "independência". O truste da *mass-media* global praticamente se vangloria com palavras-chave como "parceria, identificação e motivação, espírito empresarial, descentralização, cooperação, promoção de funcionários". A fábrica de engrenagens mostra-se, em compensação, responsável pelo fato de que "o trabalho na empresa seja feito com lealdade, envolvimento e identificação" e, assim, cria "uma cultura empresarial baseada no estímulo e construída por todos, na qual o funcionário completamente motivado busca o caminho correto e age de modo correspondente". E a empresa de biotecnologia, por sua vez, defende as "*silicon valley attitudes*", apresenta-se de modo "aberto, engajado, criativo, motivado, dinâmico e caótico", alardeia que "nenhum *dress code*" é necessário e acrescenta: "todos se tratam por 'você'".

A união recíproca atravessa a empresa desde o membro da diretoria até o encarregado pela limpeza como uma espécie de algema invisível. A grande visão se solda. Num estágio avançado, as metas do empresário e do funcionário quase não se diferenciam mais. "As metas da chefia da empresa se impõem por si sós na forma de vontade própria do trabalhador", escreve o consultor de empresas e de conselho de empresas Klaus Peters. A cultura empresarial torna-se um "poder de terceiro grau", como a denomina Oswald Neuberger, professor doutor de psicologia organizacional, com a ajuda da qual os funcionários desejam "voluntariamente" aquilo que são obrigados. E assim vale o seguinte: o funcionário deseja aquilo que a empresa deseja; o que é bom para a empresa também lhe faz bem; se a empresa vai mal, ele sofre junto; se ela registra êxitos, ele os lança como seus e assim, passo a passo, sofre uma mutação e se transforma em uma espécie de cartão de visitas vivo das metas da empresa.

Desse modo, a marcha triunfal da cultura empresarial, agindo em primeiro lugar sem malícia entre quermesses, visitas ao jardim zoológico e seminários psicológicos, mata dois coelhos com uma só cajadada: o empresário está satisfeito quando um peixe lhe cai outra vez na rede e um novo adepto corporativo se junta às fileiras da empresa. O funcionário, por sua vez, está feliz por finalmente ter encontrado alguém que lhe diz o que importa e para onde isso vai. Se, apesar disso, ele arruma as malas e abandona a "*community*", quase sempre o faz por ter encontrado uma "cultura" que o fascinou mais e que lhe serve melhor. Raramente tem a ver com o trabalho em si.

Atrás da cultura da empresa, próxima do funcionário, com sua relação empregador-empregados, supostamente liberal e confiável, há uma instrumentalização premeditada dos sentidos. A estratégica "*management by emotions*" proporciona sentido e filiação, não por mero amor ao próximo, mas persegue uma meta que, na verdade, não combina com o admirável mundo novo do trabalho. Trata-se simples e surpreendentemente de compensar a perda da lealdade por parte do funcionário por meio de uma ligação emocional, que, na melhor das hipóteses, culmina na identificação total.

A identificação produz outra forma de dependência mais sutil do que a lealdade, pois visa ao âmago do ser humano e não permite nenhuma distância. É na natureza da identificação que reside o fato de não se diferenciar mais entre o que é próprio e o objeto da identificação. É evidente que isso tem como conseqüência uma grande medida de envolvimento do funcionário. Ele defende – erroneamente – os interesses e os fins da empresa como sendo os seus próprios e põe-se a trabalhar com muito mais disposição. Aquilo que o pequeno *start-up* – cujo pessoal se formou seguindo o lema "cinco-amigos-e-uma idéia: eis o que vocês precisam ser" – ainda trazia espontaneamente consigo é hoje encenado em grande estilo na empresa estabelecida. A empresa mostrada pela nova economia serviu de modelo para induzir o seu pessoal a realizar trabalhos cheios de sacrifício sem ir embora.

O fato de a troca de produção por salário ainda continuar a representar a base da relação de desigualdade de direitos entre empregador e empregados não prejudica visivelmente a credibilidade da oferta de identificação feita pela cultura empresarial. Embora ninguém chegue a duvidar que uma empresa pague ao funcionário apenas o suficiente para poder ainda administrar o seu próprio bolso, o funcionário ocupa agradecido o seu lugar no mundo de valor da empresa. É exatamente aqui que se mostra o rendimento notável da cultura da empresa: ela consegue unificar os objetivos contraditórios e os motivos tanto do empresário quanto dos trabalhadores em um temerário exercício de ginástica. Seu artifício consiste na dissolução estética e superficial dessa contradição férrea.

Que a comunhão propagada pela cultura empresarial, na verdade, não vale grande coisa, mostra-se então o mais tardar quando o funcionário não é mais necessário e ocorre a sua dispensa. Nesse ponto, com algum atraso e freqüentemente com pesar, o funcionário também se dá conta de que nem todos buscam os mesmos objetivos. Ao mesmo tempo rompe-se o cosmo de sentido específico da empresa que até então envolvia o funcionário. Dessa forma, agora ele não só se encontra sem trabalho, mas também está pessoalmente abalado e sem orientação, objetivo e missão.

MAIS FLEXIBILIDADE POR MEIO DA INDIFERENÇA

Onde a cultura empresarial se degenerou em fornecedora de valores e em figura de identificação, cada respiro da empresa torna-se uma questão fundamental, impregnada de sentido, com a qual a motivação do funcionário sobe ou desce. Modificações da empresa, quando formuladas ao extremo, são percebidas como modificações da própria personalidade. É evidente que o funcionário tem também a intenção de participar da conversa com acerto. Isso não traz benefícios para qualquer espécie de correção e alteração de curso: a mudança torna-se assim a luta contra os fins e os motivos dos funcionários. Em vez de um desinteresse benéfico e simplificador do trabalho, os chefes e os empresários precisam se preparar para funcionários teimosos, que desejam co-gerir e fazer prevalecer os seus interesses (que devem, pois, ser os mesmos que os da empresa). Acrescenta-se a isso, caso se creia nos psicólogos do desenvolvimento, o fato de que identificação sempre pressupõe também "relações estáveis". Um valor que só dificilmente pode ser resgatado pela empresa nos dias atuais e faz com que toda forma de modificação se torne uma espécie de corredor polonês para o empresário. Antes mesmo que possa enfim proceder à ação, ele está completa e totalmente ocupado em demonstrar aos funcionários as vantagens convincentes de uma modificação e em ornamentar com argumentos a necessidade desse passo. Somente depois de demoradas discussões e debates é que alguns funcionários – embora com peso no coração – são capazes de se relacionar com a nova meta. Se não se pode contar com a adesão dos trabalhadores e ainda assim o empresário ousa agir contra o parecer destes, a gritaria é enorme: sentem-se preteridos, não integrados e depreciados em seu papel como funcionários e, em razão disso, mantêm-se presos aos fins e valores da firma uma vez implantados, como se tivessem se habituado a eles.

Por essa razão, tal como Stefan Kühl mostrou em seu livro *Das Regenmacher-Phänomen* [O fenômeno do fazedor de chuva], deveria ser de interesse absoluto da empresa que os funcionários conseguissem manter certa indiferença diante das decisões e das modificações de sua empresa: a clara distinção dos motivos e das metas dos funcionários daqueles dos empresários abre a possibilidade de alterar o rumo da empresa, sem com isso simultaneamente tirar o chão dos funcionários.

Examinado em detalhes, um pequeno grau de identificação do funcionário com a empresa é até pressuposto para alterar e modificar metas da empresa, sem por isso ser castigado com uma recusa de envolvimento – e, desse modo, ter de sacrificar o interesse da maioria das empresas: a flexibilidade e a capacidade de mudança. Ou, como formulado por Stefan Kühl: "Em uma iniciativa civil, num clube desportista ou numa associação carnavalesca, tornamo-nos ativos porque consideramos que seus fins e objetivos são significativos, e não por sermos pagos para assumir tarefas. (...) Tais organizações, contudo, mal têm condições de mudar os seus fins e objetivos. Iniciativas de paz desaparecem assim que foguetes intermediários deixam de ser construídos. Associações carnavalescas trazem, ano após ano, o mesmo *show* e se destacam – expresso de modo positivo – por meio de uma grande constância."

Nas modificações discutidas aqui, trata-se em geral muito menos de grandes e complicadas decisões que atingem diretamente os funcionários. Em toda empresa há muitas coisas que precisam ser modificadas, pois não funcionam como foram planejadas, formam-se sinergias imprevistas ou não produzem alternativas previsíveis. É tarefa dos empresários e dos elementos de liderança reconhecer a necessidade de correção e reagir adequada e ininterruptamente. Não é dever do funcionário se perguntar todas as vezes se ele vê isso exatamente assim e qual deve ser a sua opinião agora.

Por mais refinado que o pretexto da cultura empresarial possa ser, cedo ou tarde ele será condenado ao fracasso. A explicação para isso é tão simples quanto compreensível: a relação de poder entre funcionários e empresário é dividida de modo desigual e estruturada hierarquicamente e, ao mesmo tempo, os interesses dos empresários são fundamentalmente distintos daqueles dos funcionários. Essa contradição existe.

Na relação entre empregador e empregado, o desequilíbrio entre ambos deveria ser projetado conjuntamente de modo consciente, pois para todos os interessados é muito mais simples, menos complicado e um alívio não fazer nenhum esforço para encobrir a diferença de interesses, de metas e de poder, mas conceder-lhes conscientemente um lugar. A tarefa da cultura empresarial tem de ser a de proteger o empregado tanto das coações sutis e exigências quanto dos instrumentos emocionais do empregador e destinar a este, por sua vez, uma posição que lhe permita tomar decisões na acepção da empresa, mesmo contra a vontade dos funcionários. Por isso é significativa uma postura que possibilite a distância em lugar da que exige sempre identificação.

LONGE DOS OLHOS, LONGE DO CORAÇÃO

A caricatura moralizante do "pobre" empresário que procura desesperadamente funcionários à sua volta, e do funcionário autônomo que permanece em uma empresa apenas até o momento em que brilha uma nova opção sedutora à espera de ser agarrada, menospreza as causas e passa o incômodo para os trabalhadores.

A nova situação no mercado de trabalho conduz ambos os lados a dificuldades e exige novas soluções: o modelo do emprego fixo, já fora de moda, significa que cada vez mais empresas recorrerão ao trabalho de projeto, ao trabalho de cooperação livre ou aos contratos a termo. Mas isso também significa: uma empresa que, a curto prazo, lança no mercado o trabalho fragmentado em muitas pequenas porções e que não pode prometer a seus funcionários nem segurança nem estabilidade não está em condições de, em contrapartida, exigir um funcionário leal. Ao mesmo tempo parece ser muito contraditório exigir tenazmente de seus funcionários qualidades empresariais como autonomia e satisfação de decisão e, depois, surpreender-se quando eles também usam isso fora da empresa. Tampouco o empregado confiará cegamente o seu percurso profissional a uma única empresa e se deixará sentir obrigado por ela. Poder garantir sua sobrevivência também para além do emprego fixo, estabelecido temporal e contratualmente, não é só uma obra de adaptação do funcionário, mas também sua única chance real. O fim do currículo linear, cuidadosamente planejado, não foi idéia sua, mas é conseqüência de um delírio grosseiro de auto-realização. Quem põe a culpa no funcionário desleal simplifica as coisas para si. O fato é que – e isso se torna tanto mais claro quanto mais miserável é a situação econômica – a maioria dos trabalhadores não se comporta de modo assim tão flexível, mutável e receoso de compromisso espontaneamente, mas sim porque a política empresarial contemporânea com freqüência não lhes deixa nenhuma outra escolha. Mesmo os talentos persuadidos com grande esforço a permanecer também não estão protegidos de ser colocados na rua amanhã quando a situação, as pretensões ou os objetivos da empresa se modificarem e não existir mais uma "necessidade premente" de continuar com eles.

O abismo entre o empresário e o trabalhador, muito mais profundo em relações frouxas como essas, também não pode ser anulado com uma carga, ainda que tão concentrada, de emotividade, igualdade aparente e dotação de sentido.

De um lado, a necessidade de pessoas capazes, de outro, a impossibilidade de poder suprir continuamente com trabalho os funcionários penosamente encontrados e ligá-los à empresa, exige novas formas de compromisso e de confiança para contrabalançar a carência em ambos os lados – de fidelidade. Quem não deseja se lançar toda vez em busca de talentos precisa modificar o seu comportamento diante dos funcionários já disponíveis.

A relação entre empregador e empregado, instável e de prazo cada vez menor, requer um conceito amplo de relação e ligação do trabalhador, que se afasta do modo de pensar ainda predominante, segundo o qual, com o fim de uma relação de trabalho, do término de um projeto ou do cumprimento do contrato, termina igualmente a relação entre a empresa e o funcionário.

Sob essas premissas faz pouco sentido se esforçar para prender o funcionário de qualquer maneira à empresa durante o tempo em que se precisa dele e distanciar-se com mágoa e considerá-lo como desprovido de valor para a empresa quando ele parte. Ao mesmo tempo precisam ser construídas relações para os trabalhadores autônomos ou temporários, para além do atual vínculo empregatício. E, mesmo no caso de um pedido de demissão do funcionário, parece ser uma tolice considerar a relação como finalizada. Assim, é perfeitamente possível que aquele que está prestes a voar continue a colocar à disposição da firma a sua produtividade de outra forma ou então que o seu caminho, em um momento futuro, o conduza novamente à empresa. Tal indulgência não provém do amor ao próximo, mas possui motivos estratégicos: com todo e qualquer funcionário a empresa sempre deixa também o seu conhecimento e, por conseguinte, o seu valioso capital. Ao empresário raramente não restam senão alguns documentos no banco de dados, papéis de rascunho ou estudos.

Algumas empresas já mostram tentativas inteligentes de solução para esse problema. Assim, a consultoria de empresas americana Bain & Company criou um programa que ajuda a empresa manter contato com ex-funcionários, a trocar informações, a reconhecer pontos comuns e sinergias e a constituir um lucro recíproco. A empresa de consultoria *Accenture*, em vez de reagir à difícil situação das vendas com demissões, ofereceu a seus funcionários um tempo longe da empresa na forma de um "descanso sabático", com um terço do salário. Pediu-se aos novos funcionários recrutados que assumissem o cargo meio ano mais tarde que o combinado, e nesse período de tempo eles receberam uma ajuda financeira de transição.

Monocultura sintética

Uma cultura empresarial atua de certo modo como uma espécie de porteiro da empresa. Ela seleciona com segurança aqueles que parecem ser obstinados e diferentes, e traz para dentro os que dão a impressão de requerer poucos cuidados e prometem assumir os valores e metas apregoados pela cultura.

Isso não vale apenas para os trustes já estabelecidos. Em especial as culturas empresariais supostamente "inovadoras", "flexíveis", "jovens" e "progressivas" funcionam segundo o princípio da dominância do próprio e da recusa rigorosa e opressão do diferente. Quem se junta às suas fileiras precisa estar disposto a se incluir, sem ser percebido, nessa cultura.

Se o trabalho conduz um "novato" de uma outra cultura e com outras formações a uma empresa monocultural, isso leva, muitas vezes, a um verdadeiro choque cultural. Isso vale sobretudo para aquele que assegura o seu salário para além dos contratos fixos e dos empregos de longo prazo. Para ele, torna-se um dever habitual, regular e incômodo precisar travar sempre de novo relações com uma nova cultura. Toda vez que muda de empregador precisa ocupar-se inteiramente em decifrar a cultura dominante e em se adaptar a ela – tanto quanto possível – por meio da "aprendizagem pela imitação".

Não impressionada pela variedade do plano individual de valores e da construção de sentido, que podem ser encontrados aos montes lá fora diante dos muros da empresa, a cultura empresarial da maioria das firmas continua a exigir a grande cooperativa de produção, a conexão completa de sentido e *leitmotiv* de validade geral. Daí surge uma monótona monocultura. E é exatamente aqui que se revela o ponto fraco da política pessoal e da cultura da maioria das empresas: a cultura empresarial, que anseia pela unidade e pela identidade, que favorece sempre o mesmo tipo de funcionário, resulta em um fator de abalo econômico. Individualização, globalização e pluralização tocaram em modificações de conseqüências profundas e levantam questões que uma cultura empresarial monocultural mal pode compreender e muito menos responder a elas.

O fato de o cliente ou consumidor ser, nos dias de hoje, um indivíduo altamente independente, difícil de ser padronizado, não passou despercebido para a maioria dos empresários. Sabe-se que ele adora escolher e reivindica trabalho, coisas e serviços que correspondam ao padrão de suas necessidades pessoais. Pois, exatamente para responder a essa "diversificação externa" dos mercados consumidores, impelida pela globalização e internacionalização, não se pode deixar de colocar diante dos muros das empresas a composição dos funcionários, a variedade dos seus valores, posturas e normas, classificadas com tanta amplitude quanto a dos consumidores. A solução consiste, portanto, em responder à variedade com variedade – "*diversity*". Quanto mais uma empresa age de modo global, mais ela depende da variedade internacional de funcionários, e quanto mais diferenciados e variados são os seus trabalhos, menos ela pode renunciar à variedade pessoal. Modificações demográficas, tais como o número crescente de mulheres na vida profissional, o envelhecimento da população e a sua mistura com "minorias" étnicas e culturais, globalização, fusões, sem falar da integração na União Européia, tornam possível insistir em uma cultura monocultural e talvez tolerar com desconfiança a heterogeneidade e a diferença. O objetivo tem de ser o de compreender as peculiaridades dos funcionários como recurso e torná-las úteis, pois as "empresas que, de modo catalisador, transferem a *diversity* da empresa aos produtos através dos seus funcionários serão superiores na batalha da concorrência", como aponta Köhler-Braun em seu artigo "A multiplicidade conduz ao sucesso" na *Personalwirtschaft* [Economia pessoal], de outubro de 1999.

A individualidade dos funcionários amplia a variedade em experiências, perspectivas, necessidades e competências, que fluem para o processo de trabalho. Só através disso é possível responder às necessidades complexas de uma clientela "heterogênea": quanto mais a turma é uma imagem refletida da clientela, maior é a possibilidade de que as ofertas e produções desenvolvidas com o seu conhecimento não caiam no vazio, mas respondam realmente aos desejos e às pretensões do grupo visado de consumidores.

UNINDO AS DIFERENÇAS

O fim do funcionário-padrão traz consigo o fim do desejo de um "consenso cultural" e, por conseguinte, de uma cultura-padrão que, em pequenas porções, põe nos lábios de seus funcionários valores e imagens-guia e renega, subjuga e não deixa valer tanto pontos de vista quanto modos de pensar de outras colorações. Para o empresário isso significa: ele terá de se separar de seu controle emocional, totalmente voltado para a identificação, com o seu cosmo de valores, estilizado como pólo de atração, e com o elemento de junção.

Uma cultura empresarial "intacta" e viva se deixará medir futuramente em sua universalidade e contradição. O lema não será mais "ou – ou", mas "tanto – como". Para dar espaço à diversidade dos funcionários e poder se beneficiar com ela, em primeiro lugar são necessários amplos trabalhos de renovação nos fundamentos e nos princípios da cultura empresarial monocultural. Com isso, a pergunta central é a seguinte: o que deve tomar o lugar dos valores unidos e das imagens-guia como elo da empresa?

Existe uma possibilidade de se erigir uma construção formal composta de "formas e de estruturas ligadas", ou seja, de formular modos de comportamento obrigatórios, formas de trato social e regras como uma espécie de menor denominador comum, sobre a qual os funcionários precisam chegar a um acordo, para não eliminar os valores individuais e as atitudes acima do traço de corte.

Portanto, quem quiser promover a variedade se verá forçado a exigir de seus funcionários que se limitem e se restrinjam, para que as diferenças não tolham a cooperação e os processos da empresa, e desse modo possam trabalhar com outros funcionários e impedir grupos dominantes. Em lugar de metas e valores obrigatórios comuns, surge a exigência de se manter nas regras do jogo tanto nas relações entre si quanto na comunicação com os outros e, assim, adaptar-se ao "comportamento" da empresa. Por sua vez, todo funcionário pode deixar fluir plenamente a sua diversidade, a sua maneira de pensar e a sua visão das coisas no processo do trabalho.

Uma cultura empresarial verdadeiramente formal, baseada em restrições, é, além disso, relativamente fácil de ser identificada por qualquer um. Isso facilita sobretudo a integração entre os funcionários que trabalham para a empresa e os recém-chegados ou temporários.

E uma coisa é certa: hoje não são poucos os funcionários que em defesa das formas e aplicação de floreios retóricos como: "Boa tarde, meu nome é sra. X; eu já estava aguardando a sra.; eu sou responsável pela sra.; aqui está o seu lugar de trabalho; a sua tarefa é; seus colegas são...", prefeririam muito mais um "Olá; Karin disse que nesta semana viria alguém; Stefan ainda faz parte do grupo; ele sabe; eu acredito que; mais... se ajeite por aí em qualquer lugar; aqui não levamos isso tão a sério; tudo é muito *light*". Já é tempo de empresas e elementos de liderança reagirem a isso!

Bibliografia

ASGODOM, Sabine. *Leben macht die Arbeit süß*. Munique, 2002.

BECK, Ulrich. *Schöne neue Arbeitswelt*. Frankfurt am Main, 1999.

BEISMANN, Gernot. "Nomaden im virtuellen Büro", in: *Die Zeit*, 37, 2000, p. 47.

BERGMANN, Wolfgang. *Ikarus 2000. Warum das nächste Jahrhundert männlich wird*. Stuttgart, 2000.

BIERACH, Barbara. *Das dämliche Geschlecht*. Weinheim, 2002.

BISCHHOFF, Joachim. *Mythen der New Economy. Zur politischen Ökonomie der Wissensgesellschaft*. Hamburgo, 2001.

BRAIG, Axel & RENZ, Ulrich. *Die Kunst weniger zu arbeiten*. Berlim, 2001.

BUCKINGHAM, Marcus & CLIFTON, Donald O. *Entdecken Sie Ihre Stärken jetzt!* Frankfurt am Main, 2002.

CUBE, Felix von. *Fordern statt Verwöhnen. Die Erkenntnisse der Verhaltensbiologie in der Erziehung*. Munique, 2001.

CSIKSZENTMIHALYI, Mihaly. *Flow. Das Geheimnis des Glücks*. Stuttgart, 2001.

——. *Lebe gut! Wie Sie das Beste aus ihrem Leben machen*. Munique, 2001.

DECKSTEIN, Dagmar. "Der umworbene Mitarbeiter", in: *Süddeutsche Zeitung*, 28 jan. 2002.

DEGEN, Rolf. *Lexikon der Psychoirrtümer*. Frankfurt am Main, 2000.

DETMERS, Ulrike (org.). *Männerwelt Wirtschaft*. Münster, 2000.

DIECKMANN, Martin. "selb(st) – ständig – arbeiten. Neue/ alte Selbstausbeutung und die Kampagnen von IG Metall und IG Medien", in: *express*, nº 2/2000, pp. 2-3.

DRUCKER, Peter. *Management im 21. Jahrhundert*. Munique, 1999.

DUVAL, Jean François. "Zukunft der Arbeit: die Hölle", uma conversa com Richard Sennett, in: *Brückenbauer* nº 17, abr. 1999.

EICHHORN, Cornelia & GRIMM, Sabine (orgs.). *Gender Killer, Texte zu Feminismus und Politik*. Berlim/ Amsterdam, 1994.

ENGELMANN, Jan & WIEDERMEYER, Michael (orgs.). *Kursbuch Arbeit. Ausstieg aus der Jobholder-Gesellschaft-Start in eine neue Tätigkeitskultur?* Stuttgart, 2000.

ENGLISCH, Gundula. *Jobnomaden. Wie wir arbeiten, leben und lieben werden*. Frankfurt/Nova York, 2001.

FINKEMEIER, Thomas. "Im Namen der Firma immer und überall verfügbar", in: *VDI-Nachrichten*, 29 out. 1999.

FISCHER, Gabriele, em entrevista com Stefan Kühl, "Wer glaubt noch den Regenmachern?", in: *brand eins*, Heft 01/2000, pp. 48-53.

FLUSSER, Vilém. *Dinge und Undinge. Phänomenologische Skizzen*. Munique/Viena, 1993.

FRANK, George. *Die Ökonomie der Aufmerksamkeit*. Munique/Viena, 1998.

FRANK, Thomas. *Das falsche Versprechen der New Economy*. Frankfurt/Nova York, 2001.

FRIELING, Ekkehart; KAUFFELD, Simone; GROTE, Sven; BERNARD, Heike. *Flexibilität und Kompetenz: Schaffen flexible Unternehmen kompetente und flexible Mitarbeiter?* Münster, 2001.

GLIßMANN, Wilfried & SCHMIDT, Angela. "Mit Haut und Haaren. Der Zugriff auf das ganze Individuum", in: *Denkanstöße – IG Metaller in der IBM*. Sonderheft, Frankfurt, maio 2000.

GLIßMANN, Wilfried & PETERS, Klaus. *Mehr Druck durch mehr Freiheit. Die neue Autonomie in der Arbeit und ihre paradoxen Folgen*. Hamburgo, 2001.

GOFFMANN, Erving. *Interaktionsrituale. Über Verhalten in direkter Kommunikation*. Frankfurt am Main, 1996.

GOLEMANN, Daniel. *Emotionale Intelligenz*. Munique/Viena, 1996.

GOLEMANN, Daniel; BOYATZIS, Richard; MCKEE, Annie. *Emotionale Führung*. Munique, 2002.

GORZ, André. *Arbeit zwischen Misere und Utopie*. Frankfurt am Main, 2000.

——. *Kritik der ökonomischen Vernunft. Sinnfragen am Ende der Arbeitsgesellschaft*. Berlim, 1989.

HAARBECK, Siegfried (org.). *Deutschland 2010. Szenarien der Arbeitswelt von Morgen*. Colônia, 2000.

HANDY, Charles. *Ohne Gewähr. Abschied von der Sicherheit*. Wiesbaden, 1996.

HEINTZ, Bettina & Nadai, Eva et al. *Ungleich unter Gleichen: Studien zur geschlechtsspezifischen Segregation des Arbeitsmarktes*. Frankfurt am Main, 1997.

HEINTZE, Roland. "Karriere: Deutsche Chefs zeigen kaum Teamgeist", in: *Financial Times Deutschland*, 7 set. 2001.

HERBST, Dieter. *Corporate Identity*. Berlim, 1998.

HEUSER, Uwe. *Das Unbehagen im Kapitalismus. Die neue Wirtschaft und ihre Folgen*. Berlim, 2000.

HINDLE, Tim. *Die 100 wichtigsten Management-Konzepte*. Munique, 2001.

HORX, Matthias. *Smart Capitalism. Das Ende der Ausbeutung*. Frankfurt am Main, 2001.

HÜHNERBEIN-SOLLMANN, Christoph Matthias. *Evaluation von Assessment-Centern (AC). Untersuchung von Entscheidungen bei der Gestaltung von Personalauswahl- und –entwicklungsmaßnahmen*. Dissertação. Universidade de Duisburg, 1998.

HUIZINGA, Johan. *Homo Ludens. Vom Ursprung der Kultur im Spiel*. Reinbeck bei Hamburg, 1987.

JENSEN, Annette. "Traumhafte Produktivitätssteigerungen", em entrevista com Klaus Peters, in: *Change X*, 2 fev. 2001.

JESERICH, Wolfgang. *Mitarbeiter auswählen und fördern*. Munique/Viena, 1990.

KAEHLBRANDT. *Deutsch für Eliten. Ein Sprachführer.* Munique, 2001.

KARNER, Helmut F. "Die personelle und strukturelle Seite des intellektuellen Kapitals. Wissenswerker in und außerhalb der Netzwerkorganisation", in: Schneider (org.). *Wissensmanagement.* Frankfurt am Main, 1996.

KELLNER, Hedwig. *Die Teamlüge. Von der Kunst, den eigenen Weg zu gehen.* Frankfurt am Main, 1997.

KIRNICH, Peter. "Wie eine ostdeutsche Region ihre Talente halten will", in: *Berliner Zeitung*, 24 out. 2001.

KÖHLER-BRAUN, Katharina. "Vielfalt führt zum Erfolg", in: *Personalwirtschaft* 10/99, pp. 74-9.

KOMMISSION FÜR ZUKUNFTSFRAGEN DER FREISTAATEN BAYERN UND SACHSEN. *Erwerbstätigkeit und Arbeitslosigkeit in Deutschland: Entwicklung, Ursachen und Maßnahmen.* Bonn, 2002.

KREATIV-RANKING 2002, in *PAGE*, mar. 2002.

KREUZER, Rainer. "Wahlverwandte", in: *brand eins*, Heft 10/2000, pp. 53-8.

KÜHL, Stefan. *Wenn die Affen den Zoo regieren. Die Tücken der flachen Hierarchien.* Frankfurt/Nova York, 1998.

——. *Das Regenmacher-Phänomen. Widersprüche und Aberglaube im Konzept der lernenden Organisation.* Frankfurt/Nova York, 2000.

LEY, Hannes. "Mit Kaos aus dem Chaos", in: *brand eins*, Heft 01/2000, pp. 132-7.

LOTTER, Wolf. "Du und das Team", in: *brand eins*, Heft 01/2002, pp. 36-42.

MAGERT, Sabine. www.nullfreizeit.de, in: *Die Zeit*, nº 37, 7 set. 2000.

MERKEL, Rainer. *Das Jahr der Wunder*. Frankfurt am Main, 2001.

NAGLER-SPRINGMANN, Sibylle. "Potentiale entwickeln statt Häckchen machen", in: *Süddeutsche Zeitung*, 20/21 abr., pp. V1/21.

NEUBERGER, Oswald. "Der Mensch ist Mittelpunkt. Der Mensch ist Mittel. Punkt. 8 Thesen zum Personalwesen", in: *PERSONALFÜHRUNG*, 1990, Ausgabe 1, pp. 3-10.

PETERS, Tom. *Jenseits der Hierarchien*. Munique, 1993.

——. *Der Innovationskreis. Ohne Wandel kein Wachstum – wer abbaut, verliert*. Munique, 1998.

PICKSHAUS, Klaus. "Der Zugriff auf den ganzen Menschen. Neue Kapitalstrategien und das Arbeiten ohne Ende", in: *Zeitschrift Marxistische Erneuerung*. Heft 41, mar. 2000.

PICKSHAUS, Klaus; Schmitthenner, Horst; Urban, Hans-Jürgen (orgs.). *Arbeiten ohne Ende. Neue Arbeitsverhältnisse und gewerkschaftliche Arbeitspolitik*. Hamburgo, 2001.

PICKSHAUS, Klaus; Peters, Klaus; Glißmann, Wilfried. "Der Arbeit wieder ein Msaß geben. Neue Managementkonzepte und Anforderungen an eine gewerkschaftliche Arbeitspolitik", suplemento da revista *Sozialismus*, Heft 2/2000, pp. 20-9.

REICHEL, Karin & Lange, Kirsten, *111 Tipps für Frauen im Beruf*. Frankfurt am Main, 2001.

REICHERZER, Judith. "Lieber hier als dort", in: *Die Zeit*, nº 28, p. 6.

REYMANN, Engel Christiane. "Superglückliche Malocher", in: *Die Zeit*, nº 29/2000, p. 22.

RIEGER, Jacqueline. *Der Spaßfaktor. Warum Arbeit und Spaß zusammengehören*. Offenbach, 2000.

RIFKIN, Jeremy, *Acess. Das Verschwinden des Eigentums*. Frankfurt/Nova York, 2000.

SCHEICH, Günter. *Positives Denken macht krank*. Frankfurt, 2001.

SCHEPPACH, Joseph. *New York. Wie man in Zukunft Karriere macht*. Düsseldorf/Munique, 1997.

SCHIFFER, Penny & von der Linde, Boris. *Mit Soft Skills mehr erreichen*. Munique, 2002.

SCOTT-MORGAN, Peter et al. *Stabilität durch Wandel*. Frankfurt/Nova York, 2001.

SCHULZE, Gerhard. *Die Erlebnisgesellschaft. Kultursoziologie der Gegenwart*. Frankfurt/Nova York, 1993.

SENNETT, Richard. *Die Tyrannei der Intimität. Verfall und Ende des öffentlichen Lebens*. Frankfurt, 1996.

——. *Der flexible Mensch. Die Kultur des neuen Kapitalismus*. Berlim, 1998.

SOMMER, Christiane, em entrevista com Klaus Grefe. "Führungs-Fehler", in: *brand eins*, Heft 6/2000, p. 20.

SPRENGER, Reinhard K. *Mythos Motivation, Wege aus der Sackgasse*. Frankfurt/Nova York, 1999.

——. "Nein zum großen Ja", in: *brand eins*, nº 10/2000, pp. 160-3.

STAUTE, Jörg. *Das Ende der Unternehmenskultur. Firmenalltag im Turbokapitalismus*. Frankfurt/Nova York, 1997.

STEINRÜCKE, Margareta et al. (orgs.). *Neue Zeiten – neue Gewerkschaften. Auf der Suche nach einer neuen Zeitpolitik*. Berlim, 2001.

THEN, Werner. "Die Selbst-GmbH – Eine Welt von Unternehmern", in: *Personalwirtschaft*, mar. 2000, pp. 38-48.

"THE WAR FOR TALENTES", in: *The McKinsey Quarterly*, nº 3, 1998.

TOPF, Cornelia & Gawrich, Rolf. *Das Führungsbuch für freche Frauen*. Munique, 2002.

USLAR, Moritz von. "100 Fragen an...", uma entrevista com Karl Lagerfeld, in: *Süddeutsche Zeitung Magazin*, nº 21, 2002, pp. 20-4.

VOß, G. Günter & Pongratz, Hans J. "Der Arbeitskraftunternehner. Eine neue Grundform der "Ware Arbeitskraft"?, in: *Kölner Zeitschrift für Soziologie und Sozialpsychologie*, Ausgabe 50, 1998, pp. 131-58.

——. "Vom Arbeitnehmer zum Arbeitskraftunternehmer. Zur Entgrenzung der Ware Arbeitskraft", in: *Begrenzte Entgrenzung. Wandlungen von Organisation und Arbeit*. Minssen, H. (org.), Berlim, pp. 225-47.

WEINSTEIN, Matt. *Management by fun*. Landsberg, 1999.

ZIRKEL, Kirsten. "Arbeitsmarkt 2002: Jobs satt", in: *Handelsblatt*, 21 fev. 2002.

ZUCKER, Betty. "Die falsche Balance. Kampf um Talente mit Work-Life-Tools", in: *GDI-Impuls*, fev. 2001, pp. 6-12.

Endereços na internet

http://www.changex.de

http://www.designerinaction.de/specials/index.php3

http://www.fastcompany.com

http://www.labournet.de

http://www.selbst-gmbh.de/

http://www.vdi-nachrichten.com

Cromosete
Gráfica e editora Ltda.
Impressão e acabamento
Rua Uhland, 307 - Vila Ema
03283-000 - São Paulo - SP
Tel/Fax: (011) 6104-1176
Email: adm@cromosete.com.br